Mon chat a mauvais caractère

Domptez le fauve qui sommeille en lui !

Groupe Eyrolles
61, bd Saint-Germain
75240 Paris Cedex 05

www.editions-eyrolles.com

Avec la collaboration d'Alice Breuil.

Mise en pages : Florian Hue

Jasmine Chevallier

Mon chat a mauvais caractère

Domptez le fauve
qui sommeille en lui !

Mon
véto
de poche

EYROLLES

●●● Table des matières ●●●

Introduction

Il crache, hérisse le poil, mord, griffe, fait pipi partout, ne supporte pas qu'on le touche, fait les yeux noirs, tyrannise ses congénères, se venge, pique une crise, boude ou fait des caprices... Du petit chaton agressif au vieux chat acariâtre, quel chat n'a pas, au moins une fois dans sa vie, fait preuve d'un accès d'humeur qui vous a laissé totalement désemparé ? Mais que lui passe-t-il donc par la tête ?

C'est vrai, les chats peuvent avoir très mauvais caractère. Irritables, susceptibles, ronchons, voire complètement caractériels, certains semblent être nés avec leur mauvaise humeur. D'autres réservent leur sale caractère à quelques grandes occasions, telles qu'un déménagement ou l'adoption d'un autre animal. Certains, enfin, sont tellement imprévisibles qu'ils nous poussent à toutes les interprétations... Même si leur personnalité fait aussi tout leur charme, peut-on décrypter le message qui se cache sous leurs accès d'humeur ?

À travers l'histoire de neuf chats bien réels, nous découvrirons quels peuvent être les motifs de ce mauvais caractère. De leurs origines félines à leur équilibre territorial, en passant par leur développement ou leurs relations sociales, en effet, les chats ont souvent de bonnes raisons d'être de « mauvais poil » ! À chaque situation, nous vous proposerons des pistes pour trouver l'attitude à adopter pour ménager leur susceptibilité ou leur faire regagner leur calme.

Bienvenue dans le monde fascinant des chats mal lunés !

Mon chaton n'aime pas mes enfants

Chapitre
1

Mme *Bonaxion s'est enfin décidée : elle veut « sauver un chat ». Profitant du séjour de ses enfants en colonie de vacances, elle contacte un refuge. Elle apprend qu'un adorable chaton d'environ 2 mois et demi cherche une famille. Timoré a été capturé dans la rue, trois semaines plus tôt, avec sa mère. Celle-ci, très sauvage, a dû être relâchée après stérilisation. Le chaton a pour sa part été installé dans un box : les bénévoles sont aux petits soins pour lui, en attendant de lui trouver un foyer.*

Timoré est tapi au fond de sa cage quand Mme Bonaxion le découvre. Elle saisit délicatement ce petit corps tout raide et le pose contre elle. Emporté par ses caresses, le chaton finit par se détendre. Sa future maîtresse est conquise...

À son arrivée à la maison, Timoré hésite au seuil de sa caisse de transport, les yeux ronds comme des billes. Il tend le cou vers l'extérieur, recule, recommence, et prend finalement son élan pour s'enfuir sous le vaisselier. Mme Bonaxion l'appelle, lui parle doucement et installe ses gamelles et sa litière à côté du meuble. Plusieurs heures s'écoulent avant que Timoré s'aventure enfin jusqu'à ses croquettes, tout aplati et l'air terrorisé.

Mme Bonaxion redouble de douceur. Après quelques jours, Timoré est plus à l'aise : il circule dans la maison et se laisse caresser. Il détale toujours au moindre bruit, mais il lui faut beaucoup moins de temps pour ressortir de sa cachette. La nuit, il vient se lover dans le cou de Mme Bonaxion pour y ronronner tout son saoul.

Le jour de leur retour de vacances, les enfants s'engouffrent dans la maison en criant. Ils se chamaillent pour savoir qui caressera Timoré en premier. Face à cet ouragan, le chaton panique et fuse sous son vaisselier refuge... Mais les enfants le poursuivent et sont bientôt accroupis devant le meuble :

5

Timoré crache et recule, coincé par le mur derrière lui. Ils essaient à présent de l'attraper ! Timoré envoie brutalement la patte et griffe la main du plus petit. Les présentations en resteront là pour aujourd'hui...

Mme Bonaxion, constamment obligée de canaliser sa progéniture, parvient pourtant à améliorer les relations au fil des jours. Les enfants peuvent désormais caresser Timoré s'ils sont calmes et ne parlent pas trop fort. Ils le nourrissent à tour de rôle : le chaton accourt avec enthousiasme au bruit de la boîte de croquettes. En revanche, ils ont encore du mal à jouer avec lui : le chaton recule dès que les enfants s'agitent. Et pas moyen de le prendre dans les bras : Timoré se débat, griffe au besoin, et parvient toujours à se libérer pour partir se cacher... Sacré caractère ! Mme Bonaxion est perplexe, et un peu déçue. Timoré est beaucoup plus gentil avec elle : a-t-il été maltraité par des enfants quand il était petit ? A-t-il été sevré trop tôt ?

Mme Bonaxion reçoit bientôt le coup de grâce : elle apprend que la chatte de ses voisins a eu une portée. Les chatons sont nés dans l'armoire du salon, et ont grandi à la maison, au milieu des enfants. Ils ont tous été donnés depuis, mais les voisins en ont gardé un, qu'ils ont appelé Roudoudou. Ce chaton-là ne pose aucun problème : il passe son temps à dormir sur le canapé ou à jouer avec les enfants, qui peuvent en faire tout ce qu'ils veulent...

Changeons de point de vue : le chaton d'origine sauvage

Dans une même portée de chatons, on distingue souvent très tôt des chatons plus calmes, plus timides, plus intrépides ou plus câlins que les autres... Chaque chaton a son tempérament, toile de fond de sa personnalité future. Le chaton se développe très vite : en seulement deux mois, il est capable de vivre de façon autonome. Pendant cette période, la double influence de sa mère et de son milieu de vie concourt à orienter ses apprentissages : son caractère se façonne. Ainsi, la capacité à vivre en famille prend racine au tout début de la vie et, à ce titre, Timoré et Roudoudou ne sont pas nés sous la même étoile...

La nature du chat

Les chats partagent la vie des hommes depuis plusieurs milliers d'années. Pour autant, la sympathie du chat pour l'homme n'est pas spontanée : il existe une large population de chats libres qui subviennent à leurs besoins sans intervention humaine. Comme les autres animaux sauvages, les chats libres ne considèrent pas l'homme comme amical : ils s'en méfient, le fuient et ne se laissent certainement pas caresser...

Lorsqu'il vit à l'état sauvage, le chat exprime pleinement le double statut qui caractérise son espèce. Il est à la fois :

- un prédateur qui doit détecter et chasser de petites proies pour se nourrir ;
- une proie potentielle qui doit détecter et fuir ce qui le menace.

Le chat familier, protégé et nourri, est peu soumis à ces contraintes : c'est le cas de la mère de Roudoudou. La mère de Timoré doit en revanche développer un haut niveau de vigilance et de réactivité pour remplir ces deux missions quotidiennes et assurer sa survie.

Premiers rapports au monde

Les chattes portent leurs petits pendant deux mois. Dès la seconde moitié de la gestation, le chaton développe ses capacités tactile et auditive, qui lui permettent de percevoir le monde à travers le ventre de sa mère. Après sa naissance et jusqu'à 3 semaines, les bruits et les contacts sur son corps restent les seuls messages que son environnement lui envoie. Ces premières expériences sensorielles s'impriment dans la mémoire du chaton ; elles définiront notamment sa capacité à supporter le contact physique.

Avant sa naissance, Timoré ressent la tension et les mouvements de sa mère. Rarement détendue, elle sursaute au moindre bruit, se fige et détale rapidement. Après sa naissance, Timoré est transporté de cachette en cachette, au gré des dangers environnants : sa mère, toujours sur le qui-vive, transmet déjà sa réactivité à Timoré.

Pour Roudoudou, la vie commence sereinement. Sa mère, gestante, se prélasse sur le canapé, protégée et bien nourrie. Roudoudou perçoit déjà les bruits de la maison, les voix de la famille. Il ressent les caresses faites sur le ventre de sa mère. Dès ses premiers jours, Roudoudou est câliné, et parfois mis au chaud dans le cou d'un enfant : c'est bizarre, il n'y a pas de poils, mais c'est assez agréable !

Le conseil du Véto

Pour aider les futurs chatons à apprécier le contact physique, caressez doucement et souvent le ventre de leur mère pendant la gestation. Après leur naissance, si leur mère le tolère, manipulez-les doucement quelques minutes par jour.

À l'aventure !

À 4 semaines, le chaton peut désormais voir et se déplacer tout seul. Il aborde à présent une période cruciale au cours de laquelle il va acquérir toutes les compétences nécessaires à son autonomie.

Se nourrir seul

Le chaton commence à goûter les aliments solides. Sa mère lui refuse progressivement les tétées et ce, d'autant plus rapidement qu'elle est sauvage. Entre 5 et 7 semaines, les chatons sont sevrés. Contrairement à l'idée reçue, le sevrage n'est pas synonyme d'autonomie ! Même s'ils se nourrissent seuls, les chatons ont besoin de rester auprès de leur mère jusqu'à 8 semaines, afin de recevoir toute leur éducation.

Estimer l'âge du chaton

Au cours de leurs premières semaines, les chatons prennent environ 100 g par mois. Quand leur date de naissance est inconnue, le poids d'un chaton permet donc d'estimer son âge. Si les chatons peuvent se nourrir seuls lorsqu'ils pèsent environ 500 g, ils ne devraient pas être séparés de leur mère avant de peser environ 800 g.

Se comporter comme un chat

Au cours de son 2e mois, le chaton apprend à éliminer et recouvrir ses besoins, chasser, se défendre et défendre son territoire, contrôler ses mouvements, se comporter avec mesure, s'enfuir s'il y a un danger... Le chaton développe ces comportements en imitant sa mère, mais aussi en s'amusant avec ses frères et sœurs : il joue à la bagarre, à la chasse... Sa mère le guide et le contrôle, elle lui apprend notamment à tempérer ses mouvements, à ne pas avoir de réaction débridée.

Le milieu de vie influence les acquisitions. Dans un milieu hostile, Timoré apprend d'abord à rechercher de la nourriture, à se mettre à l'abri en cas de menace. Il est entraîné dès son plus jeune âge à se montrer très attentif à ce qui l'entoure et à réagir rapidement !

Pour Roudoudou, dans un monde d'abondance et à l'abri des dangers, le jeu tient une place prépondérante.

Découvrir le monde qui l'entoure

Curieux et intrépide, le chaton découvre les éléments (objets, bruits, événements) qui composent son environnement. Tout l'intéresse ! Les réactions de sa mère et de sa fratrie lui servent de modèle ; il fait aussi ses propres expériences. Sa mémoire, très active, archive ses découvertes en les triant en trois catégories : ce qui est dangereux (et mérite de fuir), ce qui est agréable (et mérite qu'on s'en approche), ce qui est sans intérêt (et ne mérite pas de réaction). Le chaton fixe sa connaissance du monde vers 10 semaines environ, en fonction de ce qu'il a rencontré jusque-là. Passé cet âge, les nouvelles découvertes ont plutôt tendance à lui faire peur : son cerveau est moins réceptif, le chaton perd de sa curiosité et, le plus souvent, il n'a plus sa mère à ses côtés pour le guider dans ses découvertes.

Le conseil du Véto

Profitez de la curiosité du jeune chaton pour lui faire découvrir les éléments de sa vie future : caisse de transport, voiture, aspirateur...

Les grandes étapes de développement du chaton

Le développement du chaton se fait selon un planning précis : chaque acquisition se fixe à un âge défini. Au-delà de cet âge, les acquis restent relativement stables : c'est pourquoi les conditions de développement du chaton ont tant d'influence sur son comportement futur.

Acquisition	Période d'acquisition	Capacité développée
Niveau de tolérance au contact	De la deuxième moitié de gestation à la 3ᵉ semaine de vie	Le chaton fixe sa capacité à tolérer le contact physique (caresses, manipulations) et sa capacité à supporter la contrainte (être attrapé, immobilisé).
Sevrage alimentaire	Entre 5 et 7 semaines	Le chaton est capable de s'alimenter seul.
Contrôle de soi		Le chaton apprend à contrôler ses mouvements et ses agressions.
Découverte de l'environnement	Entre 3 et 10 semaines	Chaque objet, bruit ou événement connu est trié en « dangereux », « inoffensif » ou « attrayant ».
Socialisation		Quelles sont les espèces amies ? Comment communique-t-on avec elles ?
Détachement	Entre 7 et 9 semaines	Progressivement rejeté par sa mère, le chaton peut vivre en autonomie, dans un environnement comparable au milieu dans lequel il s'est développé.

Es-tu mon ami ?

Entre 3 et 10 semaines, le chaton apprend quelles sont les espèces « amies » et comment communiquer avec elles : il s'agit du processus de *socialisation*. Pour le chaton sauvage, la seule espèce fréquentable est la sienne : les autres sont considérées soit comme des proies, soit comme des prédateurs potentiels. Pour le chaton né en maison, les relations sociales sont plus variées. La socialisation concerne d'abord l'espèce humaine : elle est la base de la relation entre le chat et l'homme. Le chaton peut également se socialiser à d'autres espèces, en fonction des animaux présents à cette période : chiens, rongeurs, animaux de ferme...

La socialisation du chaton

Pour que le chaton se socialise à une autre espèce, les premières rencontres doivent avoir lieu le plus tôt possible dans son développement. L'influence de sa mère est importante : la socialisation est favorisée si sa mère lui indique qu'il n'y a pas de danger. Enfin, le chaton doit s'en convaincre par ses propres expériences ! Les échanges doivent donc être agréables et répétés.

Face à une espèce à laquelle il n'est pas socialisé, le chat la considère soit comme appétissante (petite proie), soit comme dangereuse et effrayante. C'est bien cette sensation de peur que ressent Timoré le jour où il est capturé avec sa mère et découvre l'espèce humaine...

Se laisser apprivoiser

À 7 semaines environ, Timoré découvre les humains. Il est installé dans un box, soumis quotidiennement à des manipulations douces, et reçoit en récompense une délicieuse nourriture. Cette méthode est souvent utilisée pour apprivoiser les chatons sauvages, qui apprennent ainsi à dépasser leur peur en associant la présence de l'homme à des événements agréables. Soumis à ce protocole, Timoré s'habitue peu à peu au contact des personnes. S'il commence à apprécier les caresses, il garde pourtant sa vigilance et sa réactivité, comme un héritage de ses origines. Pour Timoré, il n'est question ni de méchanceté ni de mauvais caractère : la socialisation à l'homme lui fait défaut, il va devoir compenser par un processus de *familiarisation*.

La familiarisation du chaton non socialisé

Passé 2 mois, le chaton non socialisé est encore capable d'apprendre et de se familiariser à l'homme. Soumis à des contacts mesurés, répétés et agréables, le chaton s'habitue à côtoyer des personnes. Le processus de familiarisation est cependant :

▶ d'autant plus long et laborieux que le chaton avance en âge ;

> ❱ réversible : remis en liberté, le chaton rede-
> vient vite sauvage ;
> ❱ sélectif : le chat familiarisé reste générale-
> ment très timide avec les personnes qu'il ne
> connaît pas ou les catégories d'âge qu'il n'a pas
> rencontrées (les enfants par exemple).

Les enfants, ces individus bizarres...

Timoré a réussi à accorder sa confiance à Mme Bonaxion. En revanche, la première rencontre avec les enfants va bien au-delà de ses capacités... Le jour de leur retour, Timoré se retrouve confronté à ces individus agités, bruyants, qui pèsent environ vingt fois son poids et courent dans sa direction pour se saisir de lui : un remake de *King Kong* à hauteur de chat ! Timoré se cache et s'immobilise : peut-être vont-ils l'oublier ? Mais une main brutale s'approche et lui saisit la patte. Timoré crache, et griffe bientôt, pour faire cesser le contact. Ouf, ils s'éloignent !

Pour les chatons timides ou sauvages, les enfants représentent un problème complexe. Certes, physiquement, ils ressemblent aux adultes que le chat a appris à apprécier. Mais leur façon de bouger, de crier, et leurs réactions saccadées et imprévisibles sont très différentes de celles des adultes... Ces êtres étranges sont souvent très effrayants pour le chaton apprivoisé.

Les comportements de peur

Lorsqu'un chat a peur, deux types de réactions peuvent apparaître :

- le plus souvent, le chat s'enfuit, s'isole et se tétanise en « attendant que ça passe » (c'est la réaction spontanée de Timoré à l'approche des enfants) ;

- le chat peut aussi agresser ce qui lui fait peur, surtout lorsqu'il ne peut pas s'enfuir ; ces agressions sont souvent très violentes (Timoré, coincé sous le meuble, n'a pas d'autre solution pour faire fuir les enfants qui cherchent à l'attraper).

Parfois des peurs intenses se développent à la suite d'un traumatisme, d'une très mauvaise expérience. Mais, dans la plupart des cas, les peurs trouvent leur origine dans le jeune âge : comme nous l'avons vu dans ce chapitre, le chaton a tendance à considérer comme inconnu, dangereux et effrayant tout ce qu'il n'a pas découvert au cours de ses premières semaines de vie. Avec l'âge, ces peurs peuvent s'estomper ou au contraire devenir de vraies phobies (voir le chapitre 7).

Le mythe du chat battu

Les chats qui ont peur de l'homme sont souvent excusés par d'hypothétiques traumatismes passés (« Il a dû être maltraité ! »). Pourtant, la peur de l'homme est rarement post-traumatique.

Dans l'immense majorité des cas, quand l'histoire du chat est connue, on peut expliquer cette appréhension par un défaut de socialisation dans le jeune âge.

Ce qui ne marche pas

Laisser le chaton avec sa mère sauvage

Votre chaton a peur : a-t-il été sevré trop tôt ? Doit-on laisser un chaton peureux avec sa mère plus longtemps ? Si votre chaton est né d'une mère sauvage, l'influence de cette dernière est néfaste à sa familiarisation : en restant au contact de sa mère, le chaton risque d'ancrer encore plus ses réactions de peur à l'égard des humains. Il est donc préférable de le séparer d'elle dès que son autonomie est acquise (à environ 8 semaines).

Isoler le chat de tout ce qui lui fait peur

Votre enfant s'est fait griffer par le chaton que vous venez de lui offrir... Devez-vous interdire momentanément tout contact et attendre que votre chaton grandisse un peu ? C'est en quelque sorte reculer pour mieux sauter ! Un chaton sauvage doit découvrir son nouvel environnement, à son rythme certes, mais le plus tôt possible.

Imposer le contact ou gronder

Votre chaton s'enfuit et se cache sous un meuble : faut-il aller le chercher, le gronder et le forcer à se laisser caresser sous la contrainte ? Si vous avez déjà eu le vertige, ou peur d'un serpent, vous imaginez sans doute à quel point c'est désagréable (et inefficace) d'être forcé ou, pire encore, de se faire gronder quand on a peur ! Un chaton contraint brutalement au contact, sans possibilité de fuite, n'a plus qu'une solution pour faire cesser le supplice : agresser ! Toutes les personnes présentes risquent alors de se faire griffer, et le chaton va mémoriser cet épisode : les prochaines mises en contact seront beaucoup plus difficiles.

Ce qui marche

Bien choisir son chaton

Pour éviter les « erreurs de casting » lors de l'adoption, assurez-vous que le chaton s'est développé dans un milieu comparable à celui que vous allez lui offrir. Observez la mère et ses réactions en votre présence : c'est elle qui a servi de « modèle » social à ses chatons. Qu'en est-il du chaton qui vous tente ? Vient-il à votre rencontre ? Se laisse-t-il câliner ? Soyez vigilant : un chaton peureux a de grandes chances de le rester... Si vous avez des enfants, optez plutôt pour un chaton qui a grandi en leur présence. Le contact précoce avec des enfants fait souvent les chatons les plus tolérants, grâce à des exercices quotidiens particulièrement élaborés : déguisement, promenade en poussette ou en petite voiture, parcours d'obstacles avec de vieux cartons !

Enfin, gardez l'esprit clair ! Si vous avez réservé un chaton mais que les présentations ne se passent pas idéalement, ayez la sagesse de ne pas l'adopter : ce chaton-là n'est peut-être pas fait pour vous...

L'aider à s'habituer aux contacts

Vous avez, sciemment ou non, adopté un chaton qui ressemble à Timoré. Vous devez l'aider à se familiariser à vous pour faire disparaître l'inconfort qu'il ressent en votre présence. L'art de la situation est toujours de trouver l'équilibre entre :

- proposer (puis imposer) des contacts agréables et toujours gratifiants, pour que le chaton s'habitue à vous apprécier ;

- ne jamais contraindre trop fortement, toujours laisser une possibilité au chaton de se mettre à l'abri, pour ne pas déclencher de crise de panique !

L'installer dans une pièce de vie

Si la maison est trop grande et que le chaton y a entièrement accès, il risque de se cacher le plus loin possible de l'animation, ce qui ralentit considérablement ses progrès. À l'arrivée à la maison, confinez donc

© Groupe Eyrolles

votre chaton dans une seule pièce : choisissez une pièce de vie pour qu'il s'habitue d'abord aux voix, aux bruits, aux mouvements.

Aménager des zones de repli

Le chaton doit pouvoir se mettre à l'abri quand il y a trop d'agitation pour lui. Timoré a choisi un dessous de meuble, il peut aussi s'agir d'une caisse de transport ouverte, installée dans un coin de la pièce, d'un panier à chat (avec un toit) ou d'une niche suffisamment profonde et douillette. Le chaton doit s'y sentir protégé. Sa nourriture et sa litière doivent être placées à proximité : le trajet ne doit être ni interminable ni effrayant.

Offrir de la nourriture

La distribution de friandises est la récompense idéale. Le chaton présente un attrait naturel pour la nourriture. Elle l'incite à venir au contact, à braver sa peur, puis à mémoriser ses expériences comme de bons souvenirs. N'oubliez pas que les caresses ne représentent une récompense que lorsque la familiarisation est acquise : pour un chaton trop timide, imposer une caresse fait peur !

Instaurer le calme

Les chatons peureux ont aussi une faible tolérance aux bruits, aux mouvements brusques, à l'agitation ambiante. Pour ne pas multiplier les épreuves, les contacts avec l'homme doivent se faire dans le calme. Cette règle doit être bien expliquée aux enfants.

Apprendre à « faire la statue »

Les chats timides adorent les personnes qui... ne s'occupent pas d'eux ! Lire dans le canapé, travailler devant son bureau, être allongé dans son lit : quand votre attitude est neutre, le chaton peut exprimer sa grande curiosité. L'air de rien, vous provoquerez ainsi son approche et, peut-être, la première séance de câlins.

Encourager la bravoure par le jeu

Lorsque le chaton joue (avec une balle, un bouchon), le plaisir qu'il ressent lui fait oublier sa peur : favoriser le jeu permet d'accélérer les progrès, sous réserve de ne pas dépasser ses capacités de tolérance.

Définir des objectifs raisonnables...

Certains chats ont des capacités d'adaptation spectaculaires : nés et élevés dans la rue, ils deviennent de parfaits chats de famille. D'autres s'apprivoisent plus lentement et restent très timides avec certains membres de la famille ou avec les inconnus.

Dans tous les cas, soyez patient : la familiarisation d'un chat non socialisé est un apprentissage lent, qui se consolidera tout au long de sa vie. Et si votre chat n'est pas très sociable, il pourra cependant développer de très belles relations avec les quelques humains en qui il a confiance : vous, par exemple !

Quand consulter ?

Certains signes doivent vous alerter et vous pousser à demander de l'aide, car ils révèlent une grande souffrance :

- votre chaton ne progresse pas, ne parvient pas à s'acclimater ;
- ses peurs envahissent son quotidien : il sursaute au moindre bruit, court se cacher, ne semble jamais détendu...
- son agressivité s'amplifie ou devient offensive, c'est-à-dire qu'il agresse avant même d'être menacé ;
- la peur handicape tellement votre chaton qu'il ne peut plus exprimer les comportements normaux de son espèce : il mange seulement la nuit quand toute la famille dort, il fait ses besoins dans une cachette car il n'ose pas aller jusqu'à sa litière, il ne joue jamais...

Mon chat
me mord quand
je le caresse

Chapitre
2

M. et Mme Papouille ont trouvé Balépate dans leur jardin, miaulant derrière un buisson, alors qu'il n'avait que quelques semaines. Émus par la détresse du petit chat, M. et Mme Papouille l'ont recueilli, lui ont donné le biberon quelques jours, puis ils lui ont appris à se nourrir seul, guidés par leur vétérinaire. Balépate s'est rapidement acclimaté à sa nouvelle famille.

Très tôt, M. et Mme Papouille ont constaté qu'il supportait mal qu'on le soulève par la peau du cou ou qu'on le prenne dans les bras pour le câliner : raidissant son petit corps, toutes griffes dehors, il semblait avoir le vertige ! Tout petit déjà, Balépate réagissait à la contrainte physique par une extrême tension, des tentatives de fuite, et parfois des griffades.

Balépate est adulte à présent. Mme Papouille, qui a toujours eu des chats très câlins, est perplexe : ce chat semble réfractaire aux caresses... Souvent, lorsqu'elle regarde la télévision, Balépate vient se lover amoureusement contre elle et se met à ronronner, comme pour demander un câlin. Mais lorsque Mme Papouille commence à le caresser, le chat se raidit, fouaille de la queue et rapidement mord la main de sa maîtresse ! La morsure est plus ou moins appuyée en fonction de son niveau d'énervement mais ne laisse jamais de marque. Paroles douces, caresses plus légères, réprimandes... rien n'y fait ! Balépate a un caractère de cochon : il demande un câlin et change d'avis tout de suite !

Parfois, lorsqu'il est déjà étendu sur le canapé et que Mme Papouille s'approche pour s'asseoir à côté de lui, Balépate feule comme pour lui interdire de s'approcher. Combien de soirées a-t-elle passées une fesse posée sur l'accoudoir, le plus loin possible de sa terreur de chat ! Parfois, au contraire, pour le plus grand bonheur de sa maîtresse, Balépate se laisse caresser plus longtemps. C'est toujours lorsque Mme* Papouille ne s'y attend pas : lorsqu'elle est aux fourneaux, lorsqu'elle écrit un courrier sur son bureau... Balépate préférerait-il donc déranger sa maîtresse ? Quelle attitude tyrannique !*

M. Papouille, qui est passionné de bricolage et n'a jamais le temps de s'asseoir dans le canapé, est moins déçu : il est comblé par ce chat qui s'installe à ses côtés sans être envahissant ni s'inviter au milieu de son établi. Cette relation leur convient très bien à tous les deux.

Les visites chez le vétérinaire sont une autre épreuve... Sa vétérinaire, attendrie par son démarrage laborieux, l'a choyé... Mais Balépate semble n'avoir aucune reconnaissance. Consultation après consultation, il est devenu de plus en plus difficile à examiner. Tout dépend des préparatifs : si Mme* Papouille parvient à l'enfermer dans sa caisse de transport du premier coup, qu'elle part immédiatement, que le trajet se passe au plus vite sans embouteillages, que la salle d'attente est vide, qu'il ne croise surtout aucun autre animal, et que l'examen se déroule le plus rapidement possible, alors la vétérinaire peut lui faire son vaccin. En revanche, si une des étapes se passe de façon chaotique, alors c'est un Balépate tout crachant et hors de lui qui se retrouve sur la table de consultation. Dans ce cas, on l'entend gronder dans sa caisse de transport. Il devient même impossible d'ouvrir la grille, au risque de se faire lacérer les doigts ! Balépate est tellement susceptible...*

Changeons de point de vue : le chat caressé-mordeur

Balépate est une caricature du mauvais caractère : il recherche le contact mais mord lorsqu'on le caresse. Quelle incohérence ! Nombre de propriétaires s'interrogent devant une telle attitude. En effet, Balépate est loin d'être le seul à réagir de cette façon : il appartient à la grande famille des chats dits « caressés-mordeurs ».

Il n'aime pas qu'on le touche

Balépate ne manque pas d'affection pour ses propriétaires : il recherche leur contact et a développé des habitudes différentes selon qu'il a affaire à M. ou Mᵐᵉ Papouille. Quand son chat vient s'allonger contre elle, Mᵐᵉ Papouille réagit comme n'importe quelle propriétaire : elle le caresse affectueusement (les chats sont supposés adorer les câlins). Mais Balépate montre, depuis son plus jeune âge, une grande intolérance au contact physique : caresses, câlins, papouilles, et à plus forte raison toute contrainte physique, lui sont difficilement supportables. Balépate mord donc la main qui le caresse et obtient immédiatement satisfaction : le contact cesse.

> ### L'ambivalence du chat caressé-mordeur
>
> Les chats caressés-mordeurs sont soumis à deux émotions contradictoires :
>
> ▶ le besoin de proximité avec leurs maîtres car leur attachement est normal ;
>
> ▶ l'intolérance, voire l'aversion, pour le contact physique.

La tolérance au contact physique varie aussi chez les être humains. Certaines personnes supportent très bien une grande proximité et l'imposent parfois aux autres : elles parlent très près de leur interlocuteur, le touchent lorsqu'elles s'adressent à lui, et peuvent avoir des gestes d'affection (accolades, embrassades) avec des gens qu'elles connaissent peu. D'autres personnes, qui paraissent plus froides, gardent toujours une distance physique minimale et n'aiment pas qu'on les colle. Elles sont par exemple mal à l'aise dans les files d'attente.

Les racines du problème

Les chats caressés-mordeurs sont souvent d'anciens chatons élevés au biberon ou séparés très tôt de leur mère. Deux mécanismes simultanés favorisent en effet l'apparition de cette tendance :

▶ vers 3 ou 4 semaines, le chat élevé au biberon a déjà fixé en partie son niveau de tolérance au contact. Les chatons nés de mère sauvage reçoivent peu de contacts physiques pendant

© Groupe Eyrolles

leur vie intra-utérine et leurs premières semaines de vie (voir le chapitre 1) ; leur tolérance au contact physique est donc très faible ;

》 privé de sa mère avant l'âge normal du détachement (à environ 8 semaines, voir le tableau page 12), le chaton ne reçoit pas l'éducation qui lui permet d'acquérir le contrôle de soi. Les personnes qui adoptent un chaton très jeune ne présentent pas les mêmes habiletés qu'une mère chatte pour lui apprendre à réprimer ses agressions. Le chaton présente donc des réactions moins bridées que s'il avait été éduqué par sa mère et manifeste plus facilement ses désirs avec... les dents !

Tous les chats caressés-mordeurs n'ont pas pour autant vécu un sevrage précoce. Le niveau de tolérance de la mère, les expériences du chat et sa personnalité propre sont autant d'éléments qui modulent sa capacité à supporter le contact physique.

Le test du portage

On prend souvent les chatons par la peau du cou pour estimer leur niveau de tolérance et la qualité du maternage qu'ils ont reçu :

》 si le chaton se laisse porter, se ramollit totalement et semble entrer dans un état second, le test est favorable ;

》 si le chaton se raidit, tend sa colonne et écarte les membres toutes griffes dehors, le test est défavorable.

Ce test n'est pas parfaitement fiable et chaque chat possède ses capacités d'évolution : difficile de prédire le comportement d'un chat à partir d'un unique indice. De plus, pour que ce test donne une réelle indication sur le comportement du chaton, il est important d'avoir l'habitude de le réaliser, car attraper correctement un chaton par la peau du cou n'est pas forcément facile si on n'y est pas habitué. Si la prise par la peau du cou est mal réalisée (par exemple, si on attrape la peau avec deux doigts et pas avec toute la main), tous les chatons y réagiront de façon défavorable.

La limite à ne pas franchir

Le chat construit autour de lui une bulle imaginaire qui matérialise la distance physique minimale qu'il peut accepter. En dessous de cette distance, le chat ne supporte pas d'intrusion. Lorsqu'un individu s'approche de la limite, l'inconfort apparaît, le chat s'éloigne ou menace. Lorsque l'individu franchit la limite fixée, l'inconfort devient intolérable et le chat agresse. L'espace délimité par cette bulle virtuelle s'appelle le *champ d'agression*.

Respecter son niveau de tolérance

Chez un chat très tolérant, le champ d'agression est plus petit que le corps : il faut des manipulations très envahissantes pour que le chat réagisse. Chez un chat intolérant au contact, le champ d'agression est plus large, il englobe le corps : le contact physique imposé au chat, si doux soit-il, peut déclencher une riposte.

Le champ d'agression d'un même chat varie selon le contexte :

- il se dilate si l'individu qui l'approche lui paraît menaçant ou lui a laissé un mauvais souvenir ;
- il se dilate en cas d'irritation, quelle qu'en soit la cause : sensation désagréable (peur, faim, douleur) ou stimulation excessive (bruits, odeurs, agitation) ;
- il se rétrécit dans un environnement calme, connu et rassurant.

Chez les personnes comme chez les chats, le niveau de tolérance varie selon l'interlocuteur : il est tout à fait concevable de ne pas apprécier d'être serré les uns contre les autres dans un bus et pour autant adorer les câlins avec ses enfants !

Ménager sa susceptibilité

Chez un chat caressé-mordeur, la caractéristique la plus surprenante est la rapidité de dilatation du champ d'agression. En une fraction de seconde, ces chats peuvent passer d'un état détendu à un état d'irritation intense. La bulle qui les entoure se dilate subitement, sous l'effet d'une stimulation qui, le plus souvent, reste imperceptible pour la personne qui les caresse... D'un instant à l'autre, le chat ne supporte plus le contact, ce qui le fait paraître très susceptible !

Attention morsure !

Balépate, lorsqu'il ne veut plus qu'on le touche, émet toujours d'abord des signaux d'inconfort. Mais la morsure y fait suite très rapidement, souvent, ces alertes échappent à sa maîtresse. En présence d'un chat caressé-mordeur, il s'agit donc d'apprendre à repérer, le plus tôt possible, les signes fugaces qui précèdent l'agression.

Le conseil du Véto

Quelques signaux d'alerte avant l'agression

Yeux	Regard fixe, regard en coin, changement de regard lié à la mydriase (dilatation des pupilles)
Oreilles	Se figent, se rabattent vers l'arrière
Bouche	Léchage du nez
Corps	Se raidit, se fige, se dérobe sous la caresse
Dos	Le poil se hérisse, la peau se contracte par saccades
Queue	Se tend, se met à battre

Le *rolling skin syndrom* (ou RSS)

Cette manifestation de stress consiste, chez le chat, à contracter la peau du dos, comme pour essayer de faire envoler une mouche posée sur son poil. Le *rolling skin syndrom* (littéralement « syndrome de la peau qui roule ») se manifeste

> lors d'irritation intense ou d'anxiété, mais atten-
> tion, il peut aussi signifier une infestation par
> les puces !

L'agression des chats caressés-mordeurs porte un nom explicite : on parle d'agression par irritation. Celle-ci peut être modulée, contrôlée, comme pour simplement dire « stop ». Mais en cas d'approche brutale ou de manipulation appuyée, l'agression par irritation peut être très violente.

Le conseil du Véto

Apprenez à repérer les signes d'inconfort de votre chat. La plus petite manifestation de tension doit vous conduire à interrompre le contact avant la morsure (n'attendez pas qu'il commence à se défendre ou à mordre). N'oubliez pas que la parole ou les regards appuyés peuvent aussi contribuer à l'irriter : couper le contact avec un chat signifie aussi stopper le contact visuel ou verbal.

Caresses, fuyons !

Si Mme Papouille s'approche de Balépate lorsqu'il est alangui sur le canapé, la perspective de caresses non désirées suffit à l'irriter : il feule pour dissuader sa maîtresse de lui imposer le contact.

Le chat mémorise très vite et très profondément les expériences désagréables. Il est même capable d'anticiper, c'est-à-dire d'apprendre à repérer les événements annonciateurs de la situation. C'est à cause de cette capacité que les chats caressés-mordeurs apprécient souvent les personnes qui n'aiment pas... les caresser ! Et c'est pourquoi Mme Papouille est si surprise que les plus longs câlins se passent hors du canapé : Balépate anticipe moins le désagrément du contact lorsque le lieu de la rencontre n'est pas associé à des tentatives de caresses systématiques. M. Papouille, qui n'a jamais le temps de le caresser, est un compagnon idéal : aucun risque de se faire « coincer » pour un câlin avec son maître !

Le conseil du Véto

Profitez des instants de détente ou de plaisir au cours desquels le chat a tendance à rétrécir son champ d'agression : lorsqu'il est assoupi contre vous ou lorsqu'il entame son repas. Mais n'allez pas trop loin, contentez-vous de lui caresser la tête et le cou (les caresses sur les pattes, le ventre ou le bas du dos sont beaucoup moins bien tolérées).

Il a horreur du vétérinaire

Balépate déteste les visites chez le vétérinaire. La pression monte par étapes :

- il voit la caisse de transport au milieu du salon (alors qu'habituellement elle est au garage) ;

- il a repéré sur la table du salon le carnet de santé et son odeur suspecte (grâce à sa mémoire extraordinaire, il sait ce que cela signifie) ;

- il se retrouve enfermé dans un tout petit espace, lui qui déteste être coincé ;

- il est transporté en voiture, ce qui est effrayant et inhabituel (ça n'arrive que lorsqu'il va chez le vétérinaire) ;

- déjà stressé par ces épreuves, il arrive dans un lieu aux odeurs écœurantes, peuplé d'animaux qu'il n'a pas l'habitude de côtoyer et qu'il trouve terriblement menaçants ;

- pour enfin se retrouver entre les mains de sa vétérinaire, qui va lui imposer ce qu'il déteste le plus : être manipulé contre son gré.

Lorsque toutes les étapes se passent au plus vite et sans heurts, Balépate parvient à se contenir. Son champ d'agression reste suffisamment rétréci pour qu'il puisse supporter l'examen. Si, en revanche, un grain de sable vient perturber le déroulement idéal, depuis la préparation de la caisse de transport jusqu'à l'injection vaccinale, alors les limites sont franchies : on l'entend gronder dans sa caisse de transport, et le simple fait de le regarder à travers la grille lui est intolérable. Impossible de l'examiner, il va agresser tout ce qui passe à portée de lui.

Soulignons que certains chats, profondément intolérants à la maison, peuvent se montrer complètement inhibés chez le vétérinaire, acceptant même des manipulations aussi invasives qu'une prise de sang. C'est souvent très agaçant pour leur propriétaire !

Ce qui ne marche pas

Gronder ou punir

Votre chat vient réclamer un câlin, mais dès que vous essayez de le caresser, il fait mine de vous mordre... Après avoir retiré votre main menacée, vous apostrophez donc votre chat sur un ton de reproche. Celui-ci fronce les sourcils, se fige dans un regard détourné, les oreilles aplaties comme des aigrettes de hibou. Il arrête de mordre momentanément... Mais au moment où vous approchez votre main pour une autre tentative, sa morsure est immédiate et beaucoup plus forte ! En effet, pour un chat caressé-mordeur, la réprimande, même verbale, est une source d'irritation supplémentaire. En le grondant quand il vous demande de cesser la caresse, vous ne parviendrez qu'à augmenter son agacement ! En outre, à trop vouloir forcer le contact, votre chat risque de mémoriser ce qu'il considère sans doute comme du harcèlement... C'est pourquoi il pourrait bientôt vous interdire de l'approcher lorsqu'il est étendu sur le canapé, comme le fait Balépate avec sa maîtresse.

« Dominer » ou contraindre

Un chat irrité que l'on tente de contraindre devient rapidement... un fauve ! Il est illusoire (et dangereux) de penser qu'un chat caressé-mordeur peut être « raisonné » par la contrainte : plus la situation est intolérable

© Groupe Eyrolles

pour lui, sans qu'il puisse fuir, plus son agression sera violente en retour. Il peut alors infliger de profondes morsures ou griffures, sans discernement ni contrôle, à l'origine de plaies infectées très douloureuses.

Ce qui marche

L'accepter tel qu'il est

La plupart des propriétaires de chats caressés-mordeurs, même s'ils s'interrogent, en arrivent rapidement à ce constat : « Ce chat est un peu particulier... » Tout comme on apprend à composer avec les différents caractères de son entourage familial ou professionnel, les propriétaires avertis savent que leur chat, même s'il n'aime pas les caresses et les câlins envahissants, les aime quand même ! En effet, comme tous les autres chats, les chats caressés-mordeurs recherchent et apprécient la présence de leurs maîtres. En revanche, rapidement emportés par leurs émotions et leur sentiment d'inconfort, ils ont besoin de choisir eux-mêmes les moments de contact. Ils les tolèrent encore mieux si on ne les y force jamais. Ces chats, lorsqu'ils sont « brossés dans le sens du poil », progressent généralement avec l'âge, à mesure qu'ils gagnent en confiance.

Le conseil du Véto

Laissez-le choisir ses moments de contact : attendez qu'il vienne à vous plutôt que d'aller vers lui.

Faire retomber la pression

En cas de stress intense, lorsque le chat ne supporte plus rien ni personne, le seul allié est le temps ! Les menaces et la contrainte n'y peuvent rien, le chat est comme victime de son extrême irritation...

Laissez-le où il est, cessez tout contact, au besoin fermez la pièce où il se trouve afin qu'il y soit seul et ne se sente pas agressé par votre simple présence. Faire retomber la pression est assez long, il lui faudra sans doute plusieurs heures pour se détendre. Lorsqu'il semble revenu à un état normal, reprenez vos habitudes comme si de rien n'était ; même si vous lui en voulez un peu, inutile d'essayer de le lui faire comprendre...

La visite chez le vétérinaire

Les chats irritables sont un vrai challenge pour le vétérinaire. L'humilité est de rigueur : il n'existe pas de recette miracle, et encore moins de recette rapide ! Quelques solutions pour éviter (ou retarder au maximum) le déclenchement de la crise qui rendrait l'examen impossible :

✓ Si votre chat n'aime pas les transports, essayez de ne pas réserver la caisse aux uniques déplacements. Bien qu'une caisse de transport ne soit pas particulièrement décorative, les chats la supportent mieux s'ils peuvent l'essayer : vous pouvez la laisser dans un coin du salon, en retirant la porte et en y installant une petite couverture douce. Si, par bonheur, votre chat l'explore et l'adopte pour quelques siestes, il s'y sentira mieux au prochain voyage.

✓ Essayez de le faire entrer dans sa caisse en marche arrière, c'est souvent plus facile, ou optez pour une caisse qui s'ouvre par le dessus pour bénéficier d'une plus grande ouverture.

✓ Prenez votre temps et tâchez d'attraper votre chat lorsqu'il somnole, il sera moins réactif. Si vous devez courir après lui dans toute la maison ou aller le chercher sous un meuble, mieux vaut abandonner les poursuites ! Envisagez alors de reporter la consultation (et prévenez votre vétérinaire).

✓ Si votre chat est enfermé dans sa cage et que vous êtes très en avance… tant mieux ! Vous pouvez le laisser une heure ou deux, enfermé dans sa caisse, dans une pièce calme et connue, afin que la pression retombe.

.../...

.../...

✓ Dans la mesure du possible, demandez un rendez-vous à un horaire non surchargé, pour éviter les rencontres stressantes et la montée de tension en salle d'attente.

✓ Optez pour une caisse de transport dont la partie supérieure peut se déboîter : les chats sont souvent plus tolérants lorsqu'on les examine dans le fond de la caisse de transport (après avoir délicatement déboîté et retiré le couvercle) plutôt que sur la table de consultation.

D'autres mesures plus adaptées à votre chat peuvent vous être proposées par votre vétérinaire (phéromones de synthèse, compléments alimentaires déstressants) : faites-lui confiance.

Quand consulter ?

Toutes les personnalités de chat sont acceptables pour un propriétaire, à condition que chacun trouve du plaisir dans la relation. Ainsi, plusieurs situations peuvent devenir intolérables et doivent vous inciter à demander l'avis de votre vétérinaire :

- si le champ d'agression de votre chat est dilaté en permanence et que votre simple présence déclenche des menaces, rendant impossible tout contact agréable entre vous deux ;

- si l'irritabilité de votre chat s'aggrave, qu'il semble sans cesse sur le qui-vive ;
- s'il vous fait peur ;
- si vous avez des plaies sur les mains, les bras ou les jambes ;
- si l'entourage du chat comporte des personnes vulnérables : jeunes enfants difficiles à raisonner, personnes malades (diabétiques, immunodéprimées ou sous anticoagulants) pour lesquelles les morsures sont très dangereuses ;
- si votre chat devient un chat caressé-mordeur du jour au lendemain ou que cette attitude s'aggrave brutalement, elle peut être le signe de douleur intense ou de maladie. Arthrose du dos, abcès causé par une bagarre entre chats, lésion due à un choc, il existe de nombreuses affections douloureuses qui peuvent pousser votre chat à vous mordre si vous le touchez là où il a mal.

Mon chat
ne pense
qu'à manger

Chapitre
3

À l'image de ses propriétaires, M. et Mme Abondance, Salami est un chat très bavard. Ses miaulements diffèrent selon le contexte : un miaulement pour dire bonjour quand il rentre de promenade, un autre qui signifie « J'ai faim » ou « Je veux une caresse », et parfois un miaulement suraigu à 5 heures du matin, alors qu'il a encore à manger, et qui semble signifier : « Tout le monde debout ! » M. et Mme Abondance connaissent Salami par cœur, ils obtempèrent toujours avec plaisir à ses demandes insistantes.

Mme Abondance adore cuisiner et y consacre une grande partie de la journée. Dès qu'elle est aux fourneaux, Salami la rejoint, se frotte à ses jambes avec entrain, miaule, et se frotte encore. Devenu le « goûteur officiel » de sa maîtresse, Salami reçoit toujours quelques échantillons du menu en préparation. En plus de ces friandises, Salami dispose d'une gamelle de croquettes toujours remplie pour les petits creux, et mange de la pâtée matin et soir. Il a d'ailleurs une horloge interne très précise, même si elle avance un peu : une demi-heure avant l'heure de ses repas humides, il devient particulièrement pressant, voire un peu irritable : le cri de l'estomac sans doute !

M. et Mme Abondance voient bien que Salami est trop gros : il n'arrive même plus à se toiletter le dessus du dos... Cette année, lors de sa visite annuelle, leur fille s'est fâchée : Salami, à force de faire des caprices, est devenu énorme ! Il fait presque 8 kg pour ses 6 ans, il va tomber malade. Leur fille leur a montré sur Internet : diabète, hépatite et tant d'horribles maladies menacent leur chat adoré... La résolution est prise : à la diète ! M. et Mme Abondance, pétris de remords et d'angoisse, décident d'appliquer un changement drastique : arrêt des tests culinaires et suppression des croquettes en libre-service.

Salami se contentera de ses deux pâtées par jour qui, selon la notice, correspondent déjà largement au besoin alimentaire d'un chat adulte. Leur fille avait raison, ce chat mange vraiment beaucoup trop...

Malheureusement, après un mois passé à ce rythme, M. et Mme Abondance ne reconnaissent plus leur chat... Certes délesté de 300 g, Salami est devenu complètement acariâtre. Il est sans cesse sur le qui-vive et a même peur des bruits familiers. Il rôde dans la cuisine avec la mine renfrognée, miaule de plus en plus, mais semble ne plus apprécier les caresses : il s'écarte lorsqu'on s'approche de lui. Dans l'heure qui précède son repas, il est tellement énervé qu'il devient agressif : il crache sur sa maîtresse ou essaie de la griffer... Avant-hier, il lui a même sauté sur les mollets quand elle rentrait dans la pièce. Mme Abondance a eu très peur. Elle a crié et puni Salami : son repas a été retardé d'une heure !

M. et Mme Abondance sont désemparés : ce chat mange pourtant exactement ce dont il a besoin. D'où lui vient donc cet accès de mauvaise humeur ? Leur ferait-il du chantage à la nourriture ?

Changeons de point de vue : exigences et rituels

Salami, que l'on pourrait décrire comme capricieux, est surtout un fin stratège ! Ses maîtres, prêts à tout pour lui apporter satisfaction, ont malgré eux aidé Salami à développer son talent oratoire et son attrait pour la nourriture...

Il miaule pour se faire entendre

Salami a très vite constaté à quel point ses miaulements sont efficaces lorsqu'il souhaite obtenir quelque chose de ses maîtres : répétitifs, bruyants et exprimés de plus en plus fort, il est difficile de ne pas les entendre !

Tous les chats n'ont pas la même propension à miauler. Certains chats de maison utilisent très peu leurs cordes vocales. D'autres développent une habileté particulière à utiliser les vocalises pour obtenir ce qu'ils veulent : tout dépend généralement de la réponse qui leur a été faite lors de leurs premières tentatives. En effet, si le chat miaule et que son maître, en retour, lui parle, le caresse ou encore le nourrit, le chat comprend qu'on s'intéresse à lui et mémorise la réponse qui lui est faite. Le chat qui tire un bénéfice de son miaulement apprend donc à miauler pour obtenir la même récompense, ou tout simplement pour qu'on s'occupe de lui.

Le miaulement chez le chat libre

Dans la nature, les chats miaulent assez peu. Les vocalises servent à exprimer la menace et sont émises lors des combats entre chats. Les chats miaulent à titre d'appel lors des périodes d'activité sexuelle. Enfin, les chattes adressent des miaulements spécifiques à leurs chatons.

© Groupe Eyrolles

Le miaulement de 5 heures du matin

Très demandeur, et habitué à ce que quelque chose se passe dès qu'il s'exprime, Salami a également expérimenté le miaulement de 5 heures du matin. Nombre de maîtres ont eu à subir ce miaulement exaspérant au point du jour...

À l'état naturel, le chat est un animal nocturne dont les pics d'activité et de chasse ont lieu au lever du jour et à la tombée de la nuit. Le chat de maison s'adapte dès son plus jeune âge à une activité diurne[1], calquée sur le rythme de ses maîtres. Mais de nombreux chats s'éveillent dès l'aube ou un peu avant. En miaulant en fin de nuit, ils semblent inviter bruyamment la maisonnée à démarrer la journée en même temps qu'eux. Le plus souvent, le propriétaire alerté se lève, se dirige vers la cuisine, pour y vérifier, excédé, que de l'eau et des croquettes sont encore disponibles... Il ouvre alors la porte du jardin, s'il en a un. Si certains chats ont pris l'habitude de sortir au petit matin, d'autres se contentent de regarder leur maître, tout ronronnants, avec une mimique de plaisir qui pourrait presque sembler moqueuse ! Il semble qu'ils nous invitent simplement à nous mettre au diapason de leur horaire naturel.

---

1. Qui a lieu en journée, contrairement à l'activité nocturne (naturelle chez le chat).

Les rituels apaisants

La relation de Salami avec ses maîtres est balisée par de petites habitudes quotidiennes immuables. Ces habitudes témoignent d'une grande complicité et alimentent l'équilibre affectif de la relation. De plus, ces moments partagés, parce qu'ils sont prévisibles, deviennent rassurants : on parle de *rituels*. Comme chez les enfants par exemple (rituel du coucher, rituel devant le portail de l'école), le rituel se distingue de l'habitude par sa dimension affective, rassurante, donc apaisante.

La fonction du rituel

Lorsqu'un comportement devient un rituel, il perd sa fonction initiale et devient un moyen de communiquer. Certains rituels sont très créatifs. Par exemple, certains chats dont la litière est installée dans les toilettes vont systématiquement faire leurs besoins quand leur maître est lui-même « au petit coin » !

Les rituels alimentaires

Mme Abondance, pour qui la bonne chère tient une place prépondérante, répond souvent aux sollicitations de son chat par de petits dons de nourriture. Ces petits moments de dégustation sont devenus un témoignage d'affection. Par ailleurs, la plupart des chats ne boudent jamais une petite friandise. Les petits plaisirs culinaires accordés à Salami lors de la préparation des repas ont donc évolué en rituels alimentaires, qui témoignent plus de l'échange d'affection entre le chat et sa maîtresse que d'une réelle sensation de faim.

Tous les propriétaires de chat n'accordent pas le statut de « goûteur officiel » à leur chat, et pourtant la distribution d'aliments est ritualisée dans de nombreux foyers. Chez Salami, comme dans la plupart des foyers, la gamelle est installée dans la cuisine pour des raisons pratiques. Souvent, la cuisine est aussi une pièce de vie centrale pour les membres de la famille : on y prépare les repas, on y mange, on y passe souvent... Le chat familier, qui apprécie la présence de ses maîtres, a donc toutes les chances de venir y rechercher l'animation et le contact. Content d'être là, il se frotte, miaule, se manifeste lui aussi. Le maître peut penser qu'il a faim ou simplement ne pas avoir le temps de lui faire un câlin. Pour lui signifier qu'il l'a remarqué et pense à lui, il lui donne à manger ! Si la motivation initiale du chat était plutôt une demande d'attention, il accepte néanmoins de recevoir un cadeau appétissant : il le mange même s'il n'a pas faim. Le rituel alimentaire se met en place et le chat apprend rapidement à le réclamer comme un dû.

Que doit manger un chat ?

L'organisme des chats est ainsi constitué qu'ils doivent manger de petites quantités, en une dizaine de repas par jour. Pour illustrer ce principe, disons qu'un chat en liberté chasse des proies de petite taille (souris, oiseaux, lézards) et doit donc en chasser plusieurs par jour pour être suffisamment nourri. Ainsi, les chats dont le comportement alimentaire n'est pas perturbé et qui disposent d'une gamelle de croquettes toujours remplie vont grignoter quelques croquettes à de nombreuses reprises dans la journée.

Préférences alimentaires et rationnement

Les chats ont une préférence naturelle pour les aliments humides. Nombre d'entre eux reçoivent essentiellement des croquettes, qui sont la solution la plus adaptée à une alimentation en libre-service. Mais si un chat reçoit une alimentation exclusivement humide (pâtée), le propriétaire devrait dans l'idéal réussir à répartir la ration quotidienne en une dizaine de repas.

Beaucoup de chats reçoivent des « petits plaisirs » humides (pâtée ou restes de table). Si la plupart des chats s'en accommodent avec plaisir, la distribution systématique à horaires fixes peut déstabiliser leur comportement alimentaire. En effet, si des extras très appétissants (pâtée ou autres aliments humides) sont distribués tous les jours à heure fixe, certains chats deviennent tellement obnubilés par cette perspective qu'ils vont jeûner toute la journée et se priver de croquettes. Ils préfèrent attendre l'horaire habituel de distribution de l'aliment humide. À mesure que cette habitude s'installe, le chat réclame son repas humide de façon de plus en plus insistante. Son organisme, mal adapté à jeûner plusieurs heures, envoie alors des signaux de faim extrême qui le rendent très irritable.

Obésité et anorexie chez le chat

L'obésité est néfaste pour la santé du chat : d'un point de vue strictement mécanique, être trop gros gêne le chat dans ses déplacements (il saute moins haut, court moins vite), et l'empêche de se toiletter entièrement (le dos devient inaccessible). D'un point de vue médical, certains organes souffrent, notamment le foie et le pancréas ; diabète, maladies hépatiques ou troubles hormonaux peuvent se déclarer.

L'anorexie est une urgence médicale ! L'organisme du chat n'est pas programmé pour la diète, et la vie du chat est en danger dès quelques jours sans alimentation. Plusieurs mécanismes ou maladies peuvent empêcher le chat de manger : les boules de poils, la fièvre en général, les douleurs dentaires et toutes les affections à l'origine d'une perte d'odorat (anosmie), car le chat a besoin de sentir sa nourriture pour s'alimenter.

Au régime ! La double peine...

Une rupture des rituels alimentaires

Supprimer un rituel brusquement, qu'il soit alimentaire ou non, est très déstabilisant pour un chat. L'arrêt brutal de la distribution de friandises à Salami n'est pas délétère d'un point de vue calorique : il mange largement assez pour son poids. En revanche, la suppression des rituels alimentaires qu'il a mis en place avec Mme Abondance perturbe sa relation avec sa maîtresse. Salami est profondément déstabilisé : ce changement d'habitude le prive de l'échange affectif que comportait le rituel.

Une distribution inadaptée de la ration

Mme Abondance voulait bien faire. Salami a une nette préférence pour la pâtée : elle choisit donc de ne conserver que ses deux repas humides quotidiens. Renseignement pris sur l'étiquette, l'apport énergétique est suffisant, Salami ne sera pas sous-alimenté.

Mme Abondance expérimente un écueil fréquent lors de la mise en place d'un régime chez le chat. Faire maigrir un chat suppose de donner une ration d'assez petit volume : selon les marques de croquettes, par exemple, la ration idéale est de l'ordre de 60 à 80 g par jour. La dose quotidienne est alors divisée en deux, et distribuée matin et soir pour des raisons pratiques. Le chat, dont la ration est subitement réduite, va ingérer rapidement ce petit repas. Il devra attendre, le ventre vide, le repas suivant. Mais l'organisme du chat n'est pas capable de réguler un apport énergétique important suivi d'une diète de douze heures. Une intense sensation de faim se déclare quelques heures après le repas et envahit le chat jusqu'au repas suivant. Des manifestations anxieuses peuvent alors apparaître.

L'anxiété en conséquence

Soumis à ces deux changements (perte des rituels et distribution inadaptée de la ration), dont un seul aurait suffi à le déstabiliser, Salami présente des signes d'anxiété :

- il est hypervigilant : il semble surveiller tout ce qui se passe autour de lui, il sursaute au moindre bruit ;

- il est rendu irritable par la perturbation de ses habitudes, et par la faim. Son irritabilité s'aggrave lorsque l'heure du repas tant attendu approche : il peut griffer ou mordre si on cherche à interagir avec lui !

- il se met à chasser les mollets de sa maîtresse. Ce comportement (appelé *prédation*) dérive du comportement de chasse. Il est activé par la sensation de faim : stimulé par le mouvement devant ses yeux, le chat se tapit et saute brusquement, griffes et dents dehors, comme il le ferait sur une proie ;

- la complicité qu'il entretenait avec ses propriétaires est profondément dégradée.

Maintenus dans un régime alimentaire inadapté qui les rend anxieux, certains chats peuvent développer d'autres symptômes : agressivité ou isolement accrus, ingestion de matériaux non comestibles (terre, litière, plantes), léchage compulsif d'une partie du corps, symptômes physiques du stress (vomissements, diarrhée)...

Ce qui ne marche pas

Répondre à ses miaulements

Salami illustre à merveille pourquoi gronder son chat est inefficace pour qu'il cesse de miauler ! En effet, imaginons Salami retrouvant Mme Abondance dans la cuisine : il se frotte à elle pour afficher son plaisir et attirer son attention. Mais Mme Abondance ne s'occupe pas de lui, elle a les mains pleines de farce à légumes. Salami miaule légèrement, recommence à se frotter, comme pour dire : « Hou-hou, je suis là ! » Mme Abondance a vraiment les mains prises, elle regarde donc Salami et le rabroue gentiment : « Attends ! » Salami ne l'entend pas de cette oreille : il devient plus pressant, se frotte de façon plus insistante et miaule plus fermement. Salami couvre à présent les paroles de sa maîtresse en miaulant d'autant plus fort qu'elle lève le ton... Salami a gagné ! Il a réussi à trouver le niveau sonore suffisant pour la faire réagir : Mme Abondance se lave les mains pour pouvoir caresser son chat et lui faire goûter la farce à légumes. Même en rabrouant Salami, elle lui a montré qu'elle s'occupait de lui.

Gronder son chat pour le faire attendre est donc un bon moyen de le faire miauler plus fort, ou appuyer un peu plus sa demande d'attention.

Les bonnes résolutions

En tant qu'humain, nous avons tous déjà pris de « bonnes résolutions ». Du jour au lendemain, nous programmons un changement radical dans notre quotidien : aller courir tous les jours, arrêter les chips, ne plus céder aux caprices de ses enfants (ou de son chat)...

Le chat, lui, n'a pas la notion du « souffrir pour être meilleur » et il supporte mal le changement radical d'habitudes si des rituels, porteurs d'affection, disparaissent. Essayer de faire disparaître un rituel alimentaire implique donc obligatoirement de proposer un autre moment d'échange au chat : les calories doivent disparaître du rituel, mais pas la relation affective !

Par ailleurs, modifier le régime alimentaire de son chat doit être réfléchi pour s'assurer que le régime choisi reste cohérent avec ce que peut supporter son organisme. Avant de mettre votre chat à la diète, il faut essayer de répondre à trois questions :

- Pourquoi mon chat avait-il tant grossi ?
- Le régime que je choisis est-il adapté à sa physiologie, va-t-il permettre de respecter son organisme et son bien-être ?
- Avons-nous développé des rituels alimentaires ? Par quels autres rituels vais-je pouvoir les remplacer ?

© Groupe Eyrolles

Ce qui marche

Gérer les miaulements nocturnes

Le premier réflexe si votre chat vous réveille aux aurores (ou au milieu de la nuit) est de se demander si tout va bien :

- A-t-il à boire et à manger ?
- A-t-il accès à sa litière ?
- Sa chatière (s'il en a une) est-elle ouverte ?
- A-t-il l'air d'avoir mal quelque part, a-t-il eu peur de quelque chose ?

Une fois que vous avez écarté toute cause valable (avec la plus grande certitude !), nous ne saurions trop vous conseiller de ne surtout pas lui répondre, ni de mettre le pied hors du lit, sinon l'habitude pourrait vite être prise :

- ignorez sa demande ;
- jetez un objet non dangereux dans sa direction (sans le viser bien sûr !), un oreiller par exemple, afin d'interrompre son comportement (voir le chapitre 4) ;
- fermez la porte de votre chambre et assurez-vous que votre filou de chat ne peut pas aller miauler au pied du lit de vos enfants, qui se chargeraient de vous réveiller à sa place...
- en dernier recours, il n'est pas interdit d'isoler le chat pour la nuit : soit en le faisant dormir dans

une pièce fermée, soit en le faisant sortir le soir, si vous en avez la possibilité, et à la condition impérative qu'il en ait lui-même envie.

Choisir un aliment adapté

Les croquettes sont l'aliment le plus adapté au rationnement libre du chat. Remplissez sa gamelle (largement) et laissez-le se débrouiller avec ce qu'il mange, c'est le meilleur moyen de ne pas perturber son comportement alimentaire et de préserver sa capacité à ressentir sa satiété[1].

Pour les pâtées et autres petits plaisirs, plutôt que de les distribuer à heures fixes, donnez-les uniquement un ou deux jours par semaine : vous éviterez ainsi que la distribution de friandises ne devienne un rituel exigible par votre chat !

Le conseil du Véto

Ne changez pas de marque de croquettes toutes les semaines sous prétexte que votre chat n'en mange que quelques-unes par-ci, par-là. Ce comportement alimentaire est normal chez le chat, qui est un « grignoteur ».

---

1. Sensation de ne plus avoir faim, d'être rassasié, que ressent le chat et qui lui fait cesser sa prise alimentaire.

Bien distribuer sa ration

Quelques astuces peuvent aider votre chat à ne pas utiliser ses croquettes pour communiquer avec vous, et à préserver son comportement alimentaire.

Où installer les gamelles ?

Si votre chat a tendance à venir vous interpeller dès que vous posez le pied dans la cuisine, et que vous avez du mal à savoir s'il a faim ou s'il a envie d'attention, changez la place des gamelles. Installez-les dans une autre pièce (le salon ou une chambre), en vous assurant que l'accès est toujours possible. Résistez à ses miaulements s'il continue à réclamer à l'endroit initial pendant quelques jours. Proposez-lui une autre activité à la place, dans la cuisine (caresses ou jeu). Vous l'aiderez ainsi à dissocier votre présence d'une subite envie de manger.

Les dispositifs d'auto-rationnement

Si votre chat a tendance à avaler d'un seul coup le contenu de sa gamelle, il peut avoir perdu la sensation de satiété. Plusieurs méthodes peuvent l'aider à ne pas manger trop vite, la plupart étant adaptées à une alimentation sous forme de croquettes.

▹ Le distributeur de croquettes roulant : les croquettes sont placées dans un petit rondin en plastique muni de trous, et votre chat doit pousser le rondin pour faire sortir les croquettes. Il fait de l'exercice, avale moins vite et mange moins, car l'exercice lui demande plus d'efforts que d'engloutir le contenu d'une gamelle pleine. Toute la ration quotidienne doit être distribuée de cette façon. Ces dispositifs sont en vente chez votre vétérinaire.

- Les gamelles anti-glouton : il s'agit d'acheter (ou d'inventer) un dispositif qui oblige le chat à faire sortir les croquettes de la gamelle avec sa patte, ce qui ralentit leur ingestion. Trouvez une gamelle très profonde dans laquelle la tête du chat ne rentre pas ou posez un gros galet au fond de sa gamelle habituelle.

- Cachez les croquettes dans la maison : avant de partir au travail, organisez un jeu de piste en disposant plusieurs petits tas de quelques croquettes à différents endroits de la maison : votre chat s'occupera en votre absence et il devra développer une activité de recherche pour pouvoir manger.

Si aucune de ces méthodes ne vous convient, ou si votre chat ne mange que des aliments humides, vous devrez lui distribuer sa ration quotidienne en 6 à 10 repas par jour (un choix difficilement compatible avec une vie active...).

Déplacer les rituels

Nous-mêmes vétérinaires pouvons avouer que nous avons parfois donné à manger à notre chat qui réclamait de l'attention parce que « ça va plus vite » que de lui faire un câlin... Mais faites le test : si votre chat miaule à vos pieds quand vous êtes dans la cuisine, faites-lui un gros câlin et emmenez-le dans une autre pièce, ou faites-le jouer à ce qu'il aime. S'il se laisse entraîner dans une autre activité, c'est peut-être qu'il n'avait pas vraiment faim !

Si les rituels alimentaires gâchent votre relation avec votre chat, ou s'il développe une tendance à l'embonpoint, essayez de repérer et de ritualiser d'autres rendez-vous quotidiens, jeux ou câlins à heures fixes, pour déplacer les rituels alimentaires vers d'autres rituels moins néfastes pour sa santé.

Quand consulter ?

Si votre chat est obnubilé par la nourriture, en devient agressif, qu'il ingère des quantités beaucoup plus importantes que la ration moyenne, qu'il vole toute nourriture laissée à sa portée, ou encore qu'il troue des tissus, mange sa litière, des plantes, de la terre, ou tout autre objet non comestible, vous devez vous adresser à votre vétérinaire.

Plusieurs affections peuvent être en cause :

- de l'anxiété chronique à l'origine de boulimie ;
- des troubles digestifs à l'origine d'une mauvaise assimilation de l'aliment ;
- un parasitisme massif ;
- des troubles physiques ou psychiques à l'origine de pica (ingestion de matériaux non comestibles).

Mon chat
est un ouragan !

Chapitre
4

M. et M^ile Djeuns viennent d'emménager ensemble dans un appartement et se préparent à accueillir la petite boule de poils dont ils rêvent. Mégawatt, 700 g d'intense énergie, leur est confié par une connaissance. M. et M^ile Djeuns ne connaissent rien de son histoire, mais fondent au premier regard face à son air malicieux.

Dès son arrivée, Mégawatt fascine ses nouveaux propriétaires par sa créativité débordante ! Il est déjà capable d'escalader les chaises pour aller explorer et goûter ce qui traîne sur la table. Doté d'un appétit féroce, il mange comme un ogre et apprécie même la pâte à tartiner au chocolat ou les fruits. Cette alimentation diversifiée lui vaut quelques problèmes digestifs, et comme il ne recouvre pas ses besoins dans la litière, l'appartement est particulièrement nauséabond... Mégawatt développe rapidement une tendance d'explorateur étonnante : il grimpe aux rideaux ; il entre dans le réfrigérateur dès qu'on en ouvre la porte ; il monte sur le plan de travail de la cuisine et s'est déjà brûlé les coussinets sur la plaque de cuisson ; il veut sauter sur le rebord de la fenêtre, mais s'est récemment coincé la patte entre le radiateur et le mur ; enfin, il s'acharne à sauter du canapé sur le ficus, et l'arbre se retrouve par terre environ quatre fois par semaine... Mégawatt recommence ses bêtises même s'il se fait mal (il a vraiment la mémoire courte). Ses maîtres, inquiets de le voir à la fois si agile et si maladroit, préfèrent lui interdire l'accès à la terrasse de peur qu'il ne tombe de la rambarde.

Mégawatt a pourtant de très bons côtés. C'est la première fois que M. et M^ile Djeuns rencontrent un chat capable d'aller chercher la petite balle en mousse et de la rapporter, comme un petit chien, même s'il a tendance à la grignoter ensuite... M^ile Djeuns apprécie aussi d'avoir un chat qui vient prendre la douche avec elle ! Les choses se compliquent toutefois avec les câlins : Megawatt se laisse caresser quelques instants puis se met à jouer brutalement avec la main qui le touche, pour finalement la mordre, voire s'agripper sauvagement à l'avant-bras. Le soir, il vient ronronner sur le lit, étendu entre ses maîtres, mais il les réveille plusieurs fois par nuit en sautant toutes griffes dehors sur leurs pieds qui bougent sous la couette.

À 6 mois passés, Megawatt ne s'assagit toujours pas... Quand ils rentrent du travail, prêts à retrouver l'appartement sens dessus dessous, M. et Mme Djeuns doivent localiser Megawatt avant de passer la porte : sans cette précaution, ils risquent de le voir surgir d'une cachette pour agripper leurs mollets avant de s'enfuir à toute vitesse. Le soir, Megawatt fait des « crises » : il se met à courir dans tous les sens et renverse les objets sur son passage. Il a alors une drôle de tête et n'inspire plus du tout confiance... À présent, lorsqu'il fait une bêtise, Megawatt fronce les sourcils, met les oreilles en arrière et fouaille de la queue : il se prépare à riposter à une éventuelle punition. M. et Mlle Djeuns n'essaient même plus de le gronder : ils se sont fait griffer plusieurs fois. Quand Megawatt doit être puni, ils l'enferment jusqu'au lendemain dans leur petite salle de bains. Ils l'entendent passer la moitié de la nuit à escalader les meubles et à faire tomber les flacons... On dirait qu'il se venge. Ce chat est vraiment épuisant !

Changeons de point de vue : le chat agité

Mégawatt semble presque doté de superpouvoirs ! Il étonne par sa créativité et son sens du comique, mais il est aussi une source de fatigue et de stress pour ses maîtres. Mégawatt est parfois un vrai danger pour lui-même ou pour les autres. Pourquoi ce chat est-il survolté à ce point ?

Toujours trop !

Mégawatt est un phénomène ! Pour les chats agités, voire hyperactifs, la devise quotidienne semble être « Tout, trop et tout le temps » !

Tout le stimule

Mégawatt exploite tout ce qui se trouve à portée de lui pour faire des découvertes. Très impulsif, il veut tout, tout de suite ! Dès ses premières semaines, les objets placés au sol ne lui suffisent pas : il explore aussi en hauteur et développe ainsi ses capacités d'escalade. Toujours motivé, il ne se laisse pas décourager par ce que les chats détestent habituellement : il est même capable de prendre la douche avec sa maîtresse ! Sa motivation est difficile à canaliser. Immédiatement frustré si on réprime ses envies, Mégawatt se met facilement de mauvaise humeur.

Il va trop vite

La capacité de concentration de Mégawatt n'est pas à la hauteur de ses ambitions d'explorateur intéressé : par l'exploration du plan de travail, il ne prête pas attention à la chaleur de la plaque et se brûle. Ses aventures se finissent parfois mal, comme s'il ne réfléchissait pas assez à ce qu'il est en train de faire. De plus, il commence tout mais ne finit rien : il ne recouvre pas ses besoins dans sa litière et à peine s'est-il soulagé qu'il commence déjà une nouvelle activité... Mégawatt va toujours trop vite : il a tendance à « zapper » d'une activité à l'autre.

Il engloutit tout

L'exploration de Mégawatt est également orale[1] :

- il ne sélectionne pas ses aliments et ingère tout ce qui est comestible, appréciant même des aliments habituellement sans intérêt pour un chat ;

- son appétit est supérieur à la moyenne et il engloutit des rations énormes pour son poids ;

- il grignote des objets non comestibles : sa petite balle en mousse, si amusante soit-elle, en fait les frais.

La polyphagie

La polyphagie est l'ingestion excessive de nourriture, assortie d'une faible sélection alimentaire.

---

1. L'exploration orale, qui cesse normalement vers 2 mois, consiste à explorer avec la bouche. Elle est suivie ou non d'ingestion.

> Le chat présente une faim excessive, une absence de satiété, et ingère tout ce qui est comestible, sans discernement.

Pas de répit, même la nuit !

Mégawatt ne dort presque jamais. Malgré son activité débordante au cours de la journée, il reste également actif la nuit. Les pieds qui bougent sous la couette sont particulièrement stimulants pour lui ! Même enfermé dans une petite salle de bains, Mégawatt trouve le moyen de continuer son escalade en renversant des objets sur son passage...

Temps de sommeil normal et hyposomnie

Un chat adulte occupe au moins la moitié de son temps à dormir ou se reposer. Un chaton y consacre plus certainement les trois quarts de son temps. Lorsque la durée de sommeil moyenne est réduite, on parle d'hyposomnie.

L'origine du manque de contrôle de soi

L'apprentissage du contrôle des comportements, du contrôle de soi, repose sur l'intervention de la mère au cours du deuxième mois de vie du chaton (voir le chapitre 1). Cet apprentissage se fait par exemple au cours des jeux que le chaton entame avec elle : il lui saute sur la queue, les pattes ou la tête et il pro-

© Groupe Eyrolles

voque une sorte de « jeu de bagarre ». À mesure que le chaton s'agite, se met à griffer ou à mordre, sa mère intervient de façon modulée et proportionnelle au degré d'excitation de son petit. Elle l'entoure d'abord de ses pattes avant pour lui faire interrompre le mouvement. Si le chaton ne cède pas, elle le mord en appuyant plus ou moins sa morsure. Si le chaton se débat toujours, ou riposte, sa mère le maintient avec les pattes et la gueule, puis ramène ses pattes arrière sous elle pour lui « labourer » légèrement le ventre. La séquence éducative s'interrompt dès que le chaton a cédé, et le jeu peut reprendre. Privé de cet apprentissage du contrôle, le chaton peine à moduler ou inhiber ses comportements : toutes ses actions deviennent démesurées !

Le conseil du Véto

Jouer à la bagarre, jouer avec les mains, jouer à s'exciter... avec un chat hyperactif, cela risque toujours de mal se finir ! Pour jouer avec lui, utilisez des objets inanimés (bouchon, balle) pour garder vos mains à l'abri.

Même si le chaton est sevré, d'un point de vue alimentaire, dès 5 semaines, il a besoin de sa mère pour acquérir le contrôle de lui-même au cours de son deuxième mois de vie. On trouve donc beaucoup de grands agités dans la vaste population des chatons orphelins, ou élevés au biberon, séparés de leur mère avant 7 ou 8 semaines.

Le syndrome hypersensibilité-hyperactivité

Ce trouble du comportement est très répandu chez le chat. Il repose sur un défaut d'acquisition du contrôle de soi au cours du développement, avant 2 mois.

Plusieurs symptômes coexistent :

▶ un déficit de filtre sensoriel (tout fait réagir) ;

▶ des comportements moteurs incontrôlés et hypertrophiés (le chat fait tout trop et trop longtemps) ;

▶ une exploration orale persistant après l'âge de 3 mois ;

▶ parfois le chat présente aussi de la polyphagie et de l'hyposomnie.

Les conséquences de la démesure

Chez les chats hyperactifs, la démesure constante est à l'origine de traits de personnalité assez caractéristiques...

Intelligence et drôlerie

Malgré ses accès de maladresse et ses « ratés » qui le rendent souvent comique, le chat agité est créatif ! Grâce à son immense motivation et à son insatiable curiosité, il développe souvent des stratégies élaborées pour ouvrir les portes, actionner les robinets... Il est à la fois gaffeur et très malin !

La mémoire qui flanche

La difficulté de concentration du chat agité lui vaut certains problèmes de mémorisation. Pour apprendre, un chat a en effet besoin de fixer dans sa mémoire ce qu'il vient d'expérimenter. Mais le chat hyperactif ne s'arrête jamais : comme il ne prend pas le temps de réfléchir à ce qu'il vient de faire, il reproduit inlassablement les mêmes erreurs.

Le champion de l'accident domestique

Exploration débridée, motivation sans limite et relatif manque d'attention font des chats hyperactifs les champions des accidents domestiques : M. et Mlle Djeuns sont bien inspirés d'interdire le balcon à Mégawatt, car le risque de chute est réel. L'exploration orale est également source de risque (intoxication ou occlusion intestinale par exemple). Pour ces chats agités, les visites chez le vétérinaire sont souvent fréquentes...

Irritable voire agressif

Le chat agité filtre mal les stimulations de son environnement. Toutes le sollicitent en même temps et il démarre au quart de tour : c'est donc souvent un chat irritable. Cette irritabilité se manifeste au cours du jeu : il s'énerve très vite et devient agressif. Les câlins sont également difficiles : beaucoup de chats agités sont aussi des chats caressés-mordeurs (voir le chapitre 2).

De plus, les périodes habituelles d'agitation motrice des chatons (à l'aube et au crépuscule) persistent chez le chat agité adulte et tournent facilement à la « crise de folie » : l'énervement devient intense, le chat est hors de lui et incontrôlable. Gare à celui qui se met sur son chemin ! À un tel degré d'excitation, toute tentative de le contenir peut déclencher une agression.

Les agressions du chat hyperactif

Impulsif, irritable et mal contrôlé, le chat hyperactif peut manifester trois types de comportements agressifs :

▶ l'agression par irritation, lors des câlins, quand il est trop énervé ou de mauvaise humeur ;

▶ l'agression au cours du jeu, car l'excitation l'envahit très vite ;

▶ la prédation : comportement de chasse dérivé sur tout ce qui bouge à portée de lui.

Le conseil du Véto

Si votre chat a tendance à sauter sur vos mollets, apprenez à le localiser dans la maison. S'il est tapi sous un meuble, prêt à surgir, immobilisez-vous. Détournez son attaque sur une petite balle (que vous devrez toujours garder à portée de main), ou attendez quelques instants sans bouger, le temps qu'il passe à autre chose...

Un chat difficile à aimer

M. et Mlle Djeuns ont de grandes difficultés à manifester leur affection à Mégawatt... Le lien affectif des chats agités avec leur maître est souvent difficile à construire : les câlins sont bâclés, les jeux se finissent souvent mal. Enfin, parce qu'ils sont à l'origine de dégâts quotidiens, les chats agités deviennent vite agaçants. Certains propriétaires sont épuisés par cet ouragan sur pattes...

Ce qui ne marche pas

L'isoler de plus en plus

Certains chats agités sont privés d'accès à l'extérieur pour éviter un accident de la route, ou interdits d'accès aux chambres, au bureau, et à toutes les pièces qui contiennent des objets fragiles. Mais lorsqu'il se retrouve dans un milieu qui ne répond plus suffisamment à son besoin d'aventure, le chat agité s'ennuie. Privé de l'activité dont il a besoin, il risque de développer des comportements anxieux : agressivité décuplée, destructions aggravées, boulimie, léchage compulsif de son ventre...

Essayer de le punir

Déjà sur-stimulé par son environnement, le chat agité ne parvient pas à gérer l'augmentation du niveau de stress autour de lui quand ses maîtres sont en colère : la tension le contamine, la pression monte comme dans une cocotte-minute, et il peut devenir agressif. Mieux vaut donc renoncer à le punir...

En outre, punir son chat pour les dégâts qu'il a faits pendant votre absence est inutile : il est incapable de voir le rapport entre la punition et la bêtise. Lui-même n'y voit d'ailleurs pas une bêtise, mais juste une expérimentation ratée ! En revanche, il risque d'avoir bientôt peur de vous et ira se cacher dès votre retour... Ce qui ressemble à s'y méprendre à un chat qui « sait qu'il a mal fait »...

Vengeance ?

La vengeance est un comportement humain très élaboré : il s'agit de programmer délibérément une action désagréable envers quelqu'un, en réaction à ce que lui-même a fait de déplaisant... Une telle construction intellectuelle semble bien trop compliquée pour un chat. C'est pourquoi la vengeance n'est jamais la cause de ses comportements, si exaspérants soient-ils. Les dégâts causés par les chats agités, par exemple, s'expliquent par leur défaut de concentration et leur exploration débridée : laissés seuls, sans surveillance donc sans contrôle, ils font encore plus de bêtises...

Le prendre par la peau du cou

Habituellement, lorsqu'on prend un chat par la peau du cou, il cesse de bouger, se ramollit. Cette réaction dérive de l'attitude que prend le chaton lorsque sa mère le transporte en le tenant dans sa gueule. Maintenus par la peau du cou, les chats se calment et supportent plus facilement de petits soins, une coupe de griffes par exemple.

Mais le chat agité, comme les chats caressés-mordeurs, manque de tolérance à la contrainte. Le prendre par la peau du cou et tenter de le maintenir immobile fera inévitablement monter la pression : l'agression est assurée !

Ce qui marche

Moduler la façon d'interagir avec lui

Chez le jeune chat ou le chat adulte, la consigne la plus importante est : pas de contrainte physique ! Le chat agité monte en pression plus vite que les autres, et quand sa tension est trop forte, il agresse. Vous devrez adapter votre façon de procéder à ses particularités.

Le seuil d'excitation ingérable

Apprenez à repérer le seuil d'excitation au-delà duquel vous ne pourrez plus rien tirer de votre chat, et arrêtez tout contact avant qu'il n'atteigne ce seuil critique ! Si votre chat se met hors de lui, isolez-le dans une pièce le temps qu'il se calme. Dix ou quinze minutes suffisent en général à faire retomber sa tension.

Des caresses adaptées

Pour l'aider à apprendre comment faire un câlin avec mesure :

- ne le caressez pas quand il est énervé. Inspirez-vous des conseils donnés au sujet des chats caressés-mordeurs (voir le chapitre 2) ;

- essayez de le caresser toujours par l'arrière. Souvent, c'est la main qui passe devant ses yeux (pour aller caresser le dessus du crâne) qui stimule la morsure. Si votre main survole son dos pour caresser sa tête, vous le stimulez moins et il mordra moins facilement.

Le conseil du Véto

Comment se saisir de ce chat qui se débat, griffe et serait capable de vous mordre le bout du nez ? Essayez la « position du Yorkshire » ! Il s'agit de le porter comme certains maîtres portent leur mini-chien en promenade : votre chat est posé sur votre avant-bras et votre main soutient son thorax. Dans cette position, son champ de vision est libre (il regarde vers l'avant) et il se laisse plus facilement transporter.

Le contact avec les enfants

Les enfants ne se contrôlent pas très bien eux-mêmes et repèrent difficilement les signes d'énervement du chat : ils courent donc plus de risques de se faire agresser. Si vous avez un chat agité et des enfants, expliquez-leur bien les limites à ne pas dépasser !

Une fois l'équilibre trouvé, en revanche, la créativité des chats hyperactifs peut en faire d'inégalables compagnons de jeu... Certains d'entre eux sont même capables, paradoxalement, d'une grande délicatesse avec les enfants.

Adapter son environnement

Plus le chat est un aventurier, plus son milieu doit être riche. Cachettes, perchoirs, jeux et points d'observation en hauteur doivent être nombreux, surtout si votre chat vit en appartement.

- Laissez votre chat regarder dehors : sécurisez la balustrade de votre balcon, installez-lui une petite table sous la fenêtre...

- Installez-lui des étagères au mur, des meubles en escalier ou tout aménagement qui lui permette de se poster en hauteur.

- Rapportez-lui des cartons ! Renifler, entrer à l'intérieur, se cacher... Un nouveau carton, c'est pour lui un long moment d'activité.

- Proposez-lui des jouets : balles de ping-pong, bouchons de liège, balles fabriquées en papier d'aluminium bien tassé... il n'est pas besoin d'investir beaucoup pour lui faire plaisir.

- Offrez-lui une petite fontaine à eau (vendue en animalerie ou chez le vétérinaire), et optez pour un dispositif d'auto-rationnement (voir le chapitre 3) qui lui permettra de réguler son appétit et lui procurera un peu d'occupation.

🐾 L'anxiété liée à un environnement trop vide

Ce trouble comportemental touche les chats d'appartement, qu'ils soient agités ou non, lorsque leur environnement est trop pauvre en occupations. Ce n'est pas tant la surface disponible qui compte pour les chats, mais les occupations à y trouver. Ceux qui vivent dans un environnement qui ne leur permet pas de développer suffisamment d'activités (exploration, jeu, escalade) peuvent devenir anxieux et multiplier notamment les crises d'agitation motrice et d'agressivité (prédation et agressions par irritation).

Interrompre plutôt que punir

Si votre chat déterre votre plante préférée ou monte sur la table de la salle à manger, en votre présence, alors vous pouvez essayer de le décourager à recommencer. Intervenez dès qu'il s'approche de la zone de la bêtise (vous avez le droit de lui faire un procès d'intention). Jetez à côté de lui un objet bruyant (trousseau de clés, objet métallique) en prenant soin de ne pas l'atteindre. Votre chat détalera et associera l'endroit à ce grand bruit déplaisant.

Vous pouvez également le viser avec un vaporisateur d'eau (pulvérisateur pour les plantes ou le repassage), les chats détestent les sprays. Ou bien frappez dans vos mains très fort pour l'interrompre dans ce qu'il est en train de faire. Mais restez discret, comme si la punition tombait du ciel : si votre chat vous associe à la punition, il saura repérer votre absence pour recommencer sa bêtise !

Le conseil du Véto

Si vous voulez interrompre l'action de votre chat lorsqu'il est à côté de vous (il vous mordille, il s'approche de votre assiette), soufflez très fort sur son visage, comme si vous essayiez de déboucher une paille ou de déloger une poussière au fond d'un verre.

Prévention : éduquer le chaton orphelin

Avant d'adopter un chaton orphelin de quelques semaines, interrogez-vous : êtes-vous prêt à affronter les conséquences de ses carences éducatives ? Si oui, vous devrez l'aider à acquérir le contrôle de lui-même.

Amenez-le à côtoyer d'autres animaux

Si sa mère n'est plus là, ou qu'elle ne peut plus assurer son rôle (maladie, accident), le chaton se développe mieux s'il n'est pas seul :

- ✓ soit au contact permanent d'un autre chat ou chien amical : un « adulte éducateur » peut pallier l'absence de la mère et l'aider à apprendre à se contrôler ;
- ✓ soit en présence d'autres chatons : les petits chats ne peuvent pas s'éduquer les uns les autres, mais ils peuvent enregistrer les conséquences de leurs actes. Si un chaton est trop brutal avec un autre, le jeu s'arrête, le chaton brutalisé crie ou se défend. Le chaton agité retient donc que pour jouer (ce qu'il aime le plus), il faut modérer ses comportements.

.../...

.../...

Apprenez-lui à se contrôler

Si aucun autre animal n'est présent, alors vous devrez tenir le rôle d'éducateur :

✓ aidez-le dès son plus jeune âge à ne pas se mettre hors de lui : arrêtez le jeu ou le câlin avant qu'il ne soit complètement incontrôlable ;

✓ s'il vous mord ou vous griffe, dites « aïe », soufflez fortement sur son visage, puis désintéressez-vous de lui : vous l'aiderez ainsi à comprendre que s'il fait mal, il est puni par l'arrêt de la relation ;

✓ reproduisez (sans violence) l'attitude de la mère : prenez votre chaton par la peau du cou, plaquez votre main au sol (le chaton se retrouve donc couché sur le côté), maintenez-le immobile quelques instants puis libérez-le (répétez l'opération s'il recommence à s'énerver).

Le conseil du Véto

Si vous récupérez une portée orpheline, tâchez de ne pas séparer les chatons les uns des autres avant qu'ils aient environ 8 semaines (soit 800 g).

Quand consulter ?

Le chat agité, s'il peut considérablement se calmer avec les années, a également une sensibilité particulière aux troubles comportementaux. Faites appel à votre vétérinaire si :

- votre chat fait des dégâts importants chez vous ;
- votre relation avec lui n'apporte aucun plaisir partagé, qu'il vous devient insupportable ;
- son agressivité s'accentue (c'est même une situation d'urgence si vous avez des enfants à la maison) ;
- auparavant calme, il devient agité : l'apparition d'une hypermotricité, associée ou non à de l'agressivité, peut être d'origine comportementale (anxiété) ou médicale (présence de puces, trouble hormonal ou autre).

Si votre chaton de moins de 6 mois présente ce type de comportements, n'attendez pas qu'il grandisse et consultez rapidement. Il est peu probable que des symptômes aussi intenses disparaissent avec l'âge !

Mon chat ne supporte pas les déplacements

Chapitre
5

Polochon est très casanier. Ses maîtres, M. et Mme Baroudeur, ont fini par entendre raison : Polochon ne partage pas du tout leur goût prononcé pour les weekends et les voyages...

Sitôt que les Baroudeur sortent les valises du placard, Polochon commence à bouder. Il se présente au seuil de la chambre, l'air inquiet. Il les regarde s'agiter autour des piles de linge, sans daigner répondre à leurs sollicitations amicales (et un peu coupables). Plusieurs fois, M. et Mme Baroudeur ont retrouvé Polochon couché au milieu de la valise en cours de préparation, comme s'il avait peur qu'on parte sans lui... M. et Mme Baroudeur ont pourtant dû renoncer à l'emmener avec eux : en voiture, Polochon ne cesse de miauler dans sa caisse de transport, il fait ses besoins sous lui après quinze minutes de voyage (et embaume tout l'habitacle jusqu'à destination), pour finalement passer tout le séjour à faire la tête, caché sous le premier meuble qu'il trouve dans l'appartement de location. Tout pour leur gâcher le séjour ! Désormais, il reste seul à la maison, avec sa nourriture et ses précieuses petites habitudes, ce qui ne l'empêche pas de faire la tête pendant plusieurs jours lorsque ses maîtres sont de retour...

Une nouvelle épreuve se profile pour Polochon : M. et Mme Baroudeur doivent déménager. Le temps de restaurer la nouvelle maison, la famille va devoir passer quelques mois en appartement meublé. M. et Mme Baroudeur appréhendent les réactions de leur chat, et en effet son agacement ne se fait pas attendre... À mesure que l'intérieur de la maison se transforme en piles de cartons, Polochon est de plus en plus tendu. Il déambule sans cesse, comme s'il cherchait à retrouver ce qu'était son foyer autrefois. Les quelques meubles encore en place sont l'objet de griffades qu'il réservait auparavant à son arbre à chat, mais Mme Baroudeur ne sait plus dans quel carton elle l'a rangé... La veille du départ, M. Baroudeur retrouve même une tâche d'urine sur un de ses sacs de voyage. Il est grand temps que cela se termine !

Après un voyage aussi bruyant et malodorant que prévu, Polochon est débarqué dans le grand appartement qu'il devra supporter pendant quelques mois. La caisse de transport est ouverte au milieu du salon, et c'est un chat paniqué qui en jaillit pour filer sous le canapé. Polochon y reste caché pendant plus d'une journée, sans même sortir pour manger. Le lendemain, M. Baroudeur l'observe du coin de l'œil tandis qu'il s'aventure en dehors de sa cachette. Voulant le réconforter d'une caresse de soutien, il approche la main, mais son chat lui crache dessus, les yeux exorbités ! Quel sale caractère !

Les jours passent, au gré des sorties prudentes d'un Polochon qui n'a pas l'air de s'acclimater... Il est comme partagé entre l'envie de venir se rassurer auprès de ses maîtres et la rancune qu'il semble avoir à leur égard. Il ne se frotte plus à eux pour dire bonjour. Il vient à leurs côtés, mais se tient à une distance raisonnable en refusant les caresses et (horreur !) il se met à griffer les meubles qui ne leur appartiennent pas ! Il ne s'y prendrait pas mieux s'il voulait faire culpabiliser ses maîtres...

Changeons de point de vue : territoire et perturbations

Si la plupart des chats doivent changer de maison au moins une fois dans leur vie, tous ne présentent pas des symptômes aussi intenses que ceux de Polochon. Bien que très attaché à ses maîtres, Polochon fait en effet partie des chats pour lesquels toute perturbation du territoire est très déstabilisante.

Des perturbations à l'horizon

Lorsqu'un voyage se profile, aucune chance d'échapper à la vigilance de Polochon ! Et pour cause, car la disposition des valises sur le lit n'est jamais la seule perturbation avant le départ.

- Polochon ressent la nervosité de ses maîtres : ils ne cessent de se déplacer, transportent des objets et s'apostrophent d'une pièce à l'autre : « Tu as pensé à prendre ton blouson ? », « C'est toi qui as les brosses à dents ? »... Quelle ambiance stressante !

- Les valises ont l'odeur des premiers voyages auxquels il a été convié de force : pourvu qu'il n'y participe pas cette fois-ci...

- Cette agitation précède toujours des journées angoissantes : plus personne ne sera là pour satisfaire aux petites habitudes, Polochon va se retrouver en tête-à-tête avec son bol de croquettes...

En réponse à son angoisse, Polochon choisit d'apprivoiser les valises (principal élément annonciateur du départ) en se couchant dedans...

Lorsque M. et Mme Baroudeur préparent leur déménagement, les transformations dans la maison sont encore plus spectaculaires :

- jour après jour, des objets disparaissent et des tas de cartons de plus en plus volumineux se forment : Polochon ne reconnaît plus son territoire ;

- certains meubles sont déplacés, voire retirés, et Polochon ne peut plus suivre le cours normal de son quotidien (« Où est donc passé mon arbre à chat ? ») ;

- même ses maîtres ont l'air bizarre : ils passent leur temps à s'affairer et ne pensent plus à lui faire son câlin rituel devant la télévision... D'ailleurs, tiens donc, le canapé aussi a disparu...

Perturbé par ces changements, Polochon est sur le qui-vive. Il déambule, les yeux écarquillés, sursaute au moindre bruit et n'arrive pas à se reposer. Il semble avoir activé un radar imaginaire qui le rend sensible au moindre bruit, au moindre mouvement : il est *hypervigilant*.

Hypervigilance, anxiété et agressivité

L'hypervigilance est un état de tension intense : le chat est sur le qui-vive, à l'affût, comme il le ferait en cas de danger imminent. Lorsque l'hypervigilance devient constante, ce qui est notamment un signe d'anxiété, le chat, épuisé par sa tension émotionnelle, peut devenir irritable, donc agressif, si on cherche à interagir avec lui.

Il boude au retour de ses maîtres

Contrairement à ce que pensent M. et Mme Baroudeur, Polochon ne leur fait pas la tête pour les faire culpabiliser ! À leur retour de voyage, l'attitude distante de leur chat est le prolongement de la perturbation déclenchée par leur absence : la modification de son comportement est le témoin des émotions qu'il a ressenties quand il était seul. Il lui faut plusieurs jours pour que son angoisse se dissipe et que son hypervigilance disparaisse. Alors seulement ses habitudes réapparaissent et les rituels reprennent avec ses maîtres.

Le territoire : organisation et marquage

Le chat est un animal territorial. Au-delà des relations sociales qu'il développe, notamment avec ses maîtres, l'organisation de son territoire est indispensable à son équilibre et à son apaisement.

Les champs d'activité

Qu'il vive dans un studio minuscule ou un manoir immense, avec ou sans accès à l'extérieur, le chat organise l'espace auquel il a accès en différents *champs d'activité* :

- un espace pour l'alimentation, généralement choisi par les maîtres ;
- plusieurs zones de repos ou de sommeil ;
- des zones de repli, qui lui permettent de se cacher dans les situations d'urgence ;
- des zones d'observation, souvent en hauteur, pour observer ce qui se passe à l'intérieur ou à l'extérieur de la maison ;
- un espace d'élimination : au moins la litière (et des zones à l'extérieur si le chat y a accès) ;
- des espaces dédiés au jeu, à la chasse, à l'exploration.

Pour passer d'une zone à une autre, le chat choisit des trajets constants : il passe systématiquement le long de certains meubles en s'y frottant, ou rase toujours tel coin de mur. Sur des murs blancs par exemple, certaines arêtes semblent noircies : elles révèlent un frottement régulier du chat à cet endroit.

Le marquage facial, le marquage urinaire et les griffades

Chacun des champs d'activité, ainsi que les trajets les reliant entre eux, sont balisés par du marquage. Le marquage fait intervenir les *phéromones*, sécrétions personnelles que le chat dépose sur les objets ou les meubles, et qu'il peut reconnaître comme étant les siennes au passage suivant... Cette reconnaissance lui procure de l'apaisement.

- Marquage facial : le chat dépose des phéromones avec sa tête et ses flancs : il frotte sa joue, puis avance, le dos remontant en accent circonflexe, pour frotter tout le côté de son corps.

- Griffades : ces marques ont une double fonction ; elles produisent une trace visuelle (grâce aux lacérations produites) et une trace olfactive (des phéromones synthétisées dans les coussinets sont déposées en même temps). Les griffades restent discrètes lorsque le territoire est stable : le chat griffe seulement aux bornes de son territoire et autour de ses champs de repos. Lorsque le territoire est déstabilisé, le chat accentue d'abord son marquage facial. Si cet effort ne suffit pas à restaurer son apaisement, ses griffades augmentent, en réaction à la déstabilisation.

- Marquage urinaire : il s'agit d'un dépôt de quelques gouttes d'urine sur un support vertical. Dans un territoire stable, et chez les animaux stérilisés, le marquage urinaire est très rare. Une déstabilisation territoriale importante, et à laquelle le chat n'arrive pas à s'adapter, peut en revanche faire apparaître du marquage urinaire.

Les griffades

Les griffades sont nécessaires à l'équilibre de votre chat, elles ne sont pas une provocation de sa part ! S'il n'est pas possible de les faire disparaître, on peut les réorienter sur un support plus adéquat que votre fauteuil préféré ou votre tapis persan. Proposez à votre chat un griffoir du commerce, une planche recouverte de moquette striée ou une bûche de bois d'olivier. Tâchez d'oublier l'aspect esthétique : le griffoir n'est utile et attrayant que s'il est placé à côté d'un lieu de repos ou devant la porte vitrée par laquelle le chat sort à l'extérieur. Caché au fond d'une chambre, le griffoir ne sera probablement pas utilisé...

Si un des éléments de votre mobilier devient malheureusement un support de griffades, c'est sans doute à cause de sa localisation dans le territoire de votre chat. Une autre approche consiste alors à modifier la « valeur territoriale » de cet élément du mobilier :

- ✓ s'il s'agit d'un tapis, essayez de le déplacer loin des lieux de repos de votre chat, et loin des baies vitrées qui marquent l'entrée du territoire ;
- ✓ s'il s'agit d'un fauteuil ou d'un petit meuble, déplacez-le ou empilez des objets dessus pour que votre chat n'y dorme plus : ce sont souvent les abords des lieux de repos qui sont griffés.

Les modifications du territoire

Lors des préparatifs du déménagement, Polochon essaie de compenser la perturbation de son territoire par un marquage accru. Même si cela a échappé à ses maîtres débordés, Polochon a d'abord essayé de se frotter à tous les cartons afin d'y laisser son odeur personnelle, mais il a buté sur deux écueils :

- les phéromones déposées étaient marquées par son stress : elles avaient perdu en partie leur potentiel apaisant, aggravant même son inconfort ;

- Polochon n'a pas pu tenir le rythme : chaque jour, la maison était organisée différemment.

Polochon a alors développé ses griffades. En désespoir de cause, il a utilisé le marquage urinaire, comme en témoigne la tache d'urine découverte par M. Baroudeur sur un sac, la veille du départ...

Comme tous les chats qui subissent une modification du territoire (appelée *déterritorialisation*), quelle qu'en soit l'origine, le chat augmente son marquage facial, puis développe des griffades. Si l'apaisement procuré par ces marques ne lui permet pas de se stabiliser, du marquage urinaire peut apparaître, comme un ultime recours pour retrouver ses repères dans ce territoire modifié.

La déterritorialisation

Ce mot un peu barbare désigne la modification du territoire d'un chat. À chaque chat son niveau de tolérance au changement. La modification du territoire peut être géographique (déménagement), topographique (changement de meubles, travaux), liée aux habitudes (les modifications de planning de ses maîtres peuvent parfois suffire à perturber l'organisation d'un chat) ou liées à la présence d'un nouvel occupant (bébé, chien, chat).

Le stress des transports

Polochon ne supporte pas les transports. Il se retrouve enfermé dans sa caisse de transport, sans possibilité de mouvement ou de fuite, puis déplacé dans une voiture bruyante, d'odeur inconnue, et qui bouge dans tous les sens. À travers la grille de sa caisse, il ne reconnaît pas ce qui l'entoure et, pire encore, le paysage bouge à travers les fenêtres. Au secours ! L'épreuve continue malgré ses miaulements plaintifs et bientôt ce sont ses sphincters qui lâchent : Polochon se retrouve trempé d'urine et doit patauger dans ses crottes jusqu'à l'arrivée. Pour lui qui est normalement si propre, c'est un supplice !

Bien des chats partagent l'aversion de Polochon pour les transports. Certains progressent au cours de leur vie et finissent pas supporter plus stoïquement les voyages. D'autres restent stressés, même pour quelques kilomètres : en général, miaulements et malpropreté apparaissent dès le début du voyage.

Le stress des transports a plusieurs causes qui peuvent se surajouter :

- le manque d'habitude : plus les trajets sont rares, moins le chat les supporte ;
- le mal des transports : les manifestations physiques de la peur (nausées, vomissements, diarrhées liées au stress) sont très désagréables pour le chat, qui associe le transport au mal-être physique qu'il ressent ;
- une mauvaise expérience : le chat apprend à redouter les transports lorsqu'ils aboutissent à des situations angoissantes (visite chez le vétérinaire, séjour mal toléré dans un lieu inconnu).

Le conseil du Véto

Même si votre chat miaule pendant le trajet, il est fortement déconseillé de le faire sortir de sa caisse, surtout si vous êtes seul avec lui. Il pourrait faire une crise de panique, se cacher sous les pédales ou sauter sur le volant !

Ce qui ne marche pas

Transformer un chat casanier en globe-trotter

Si votre chat est casanier, évitez de le transporter de-ci de-là pour de courts week-ends : il y a peu de chances qu'il s'y habitue et encore moins qu'il parvienne à apprécier les escapades.

Il n'est pas impossible de réussir à déplacer son chat à chacun de ses voyages, mais c'est plus facile :

- s'il a été habitué dès son plus jeune âge à des déplacements réguliers ;
- si vous partez à chaque fois au même endroit (résidence secondaire) ;
- si le déplacement est suffisamment long pour que votre chat ait le temps de s'habituer au nouvel endroit.

Oublier de s'occuper de lui

Comme nous l'avons vu dans le chapitre 3, les rituels entre un chat et ses maîtres sont des habitudes apaisantes. Même si vous êtes occupé à préparer vos affaires pour un voyage qui vous enchante (ou un déménagement qui vous angoisse), n'oubliez pas de satisfaire aux rituels que vous avez mis en place avec votre chat, pour maintenir au maximum son équilibre et son apaisement.

Le gronder

Votre chat semble vouloir vous faire culpabiliser ou vous exprimer sa rancune avant, pendant ou après un déplacement ? Sachez que s'il vous fuit ou qu'il boude, il exprime plutôt son malaise, son angoisse.

S'il se met à griffer les meubles ou qu'il urine sur un sac, il essaie en réalité de se stabiliser à la suite des perturbations de son territoire... Dans tous les cas, le gronder ou le punir serait profondément injuste et dégraderait la relation qu'il entretient avec vous : la dégradation du lien affectif serait alors, pour lui, une cause supplémentaire de déstabilisation.

Ce qui marche

Le laisser seul quelques jours

Si votre chat déteste les déplacements, il sera plus heureux en restant quelques jours, seul, à la maison. Au besoin, mandatez un voisin pour passer le voir une ou deux fois par jour et lui faire quelques caresses.

Pour éviter que votre chat ne commence à faire la tête dès que vous sortez les valises, et qu'il continue de bouder plusieurs jours après votre retour :

- dans la mesure du possible, ne le faites pas participer à la préparation des bagages ;
- compensez sa montée d'angoisse en préservant les rituels que vous partagez avec lui ;
- installez, plusieurs jours avant le départ, un diffuseur de phéromones, afin de compenser sa perturbation ;
- au retour, faites comme si de rien n'était et favorisez la reprise rapide des petites habitudes : câlins, jeux, friandises.

Les phéromones de synthèse

La partie apaisante des phéromones, et commune à tous les chats, a pu être identifiée et synthétisée. Commercialisées chez les vétérinaires sous forme de diffuseur (à brancher dans la pièce de vie principale du chat), ou sous forme de spray (à déposer sur les meubles et les objets que le chat a coutume de renifler), les phéromones de synthèse aident le chat à résister au stress lors de perturbations du territoire.

Déménager avec lui

Lorsque vous préparez vos cartons et que vous commencez à vider la maison, n'hésitez pas à confiner votre chat dans une seule pièce. Choisissez dans la mesure du possible une de celles qu'il a l'habitude de fréquenter, mais qui soit isolée de l'agitation. Installez-lui ce dont il a besoin : coussin, litière, alimentation, arbre à chat, éventuellement sa caisse de transport ouverte, et un diffuseur de phéromones. Allez le voir régulièrement et ritualisez vos visites : donnez-lui une friandise ou faites-lui un gros câlin pour compenser son isolement. Même si le confinement est aussi une modification du territoire, le chat se réadapte beaucoup mieux dans un petit espace. Cet isolement lui coûtera toujours moins que d'assister aux perturbations quotidiennes de sa maison (déplacement des meubles, empilement des cartons).

À quel moment l'emmener ?

Gérer un déménagement n'est pas simple, et avec un chat encore moins ! Dans la mesure du possible, emmenez votre chat lorsque le déménagement et les travaux éventuels sont terminés, les meubles installés : vous lui épargnerez ainsi le bruit et les allées et venues.

Où l'installer ?

Comme vous l'avez fait avant le déménagement, choisissez une pièce fermée (dans laquelle les meubles sont déjà installés) et libérez votre chat. Tant qu'il n'a pas l'air parfaitement à l'aise dans cette pièce, ne le laissez pas en sortir. Le temps d'adaptation varie selon les chats, mais après quelques jours, vous constaterez que :

- votre chat sort de sa cachette quand vous venez le voir ;
- il se frotte à vous et aux meubles qui l'entourent ;
- son visage est détendu, ses oreilles dressées, il ne marche plus au ras du sol ;
- il se repose « à découvert » (il ne se cache plus pour dormir).

Ouvrir les autres pièces

Maintenant que votre chat est détendu, vous pouvez lui ouvrir le reste de la maison. Gardez-lui un accès permanent à la pièce initiale d'isolement, qui deviendra sans doute sa zone de repli préférée. Par conséquent, refrénez votre envie d'aménager cette pièce : gardez-la pendant quelque temps dans la même configuration ; si vous souhaitez déplacer la litière, ajoutez d'abord un second bac à l'endroit que vous choisissez, mais n'enlevez le premier bac que lorsque votre chat utilise le second.

Retrouver « ses » meubles

Votre chat s'adaptera beaucoup plus vite s'il retrouve les mêmes meubles après le déménagement : il y reconnaît probablement les marques qu'il y avait déposées. Son adaptation sera plus longue dans un appartement de location par exemple, dont le mobilier est inconnu.

Quand le laisser sortir à l'extérieur ?

Quand votre chat se montre détendu dans son nouveau logis, qu'il y a pris ses habitudes, alors c'est presque gagné ! Votre chat a découvert et balisé par du marquage toute sa nouvelle maison. Il en a fait une zone apaisante vers laquelle il aura le réflexe de repli en cas de danger à l'extérieur. Vous pouvez le laisser explorer le jardin à présent, il y a peu de risques qu'il se perde ou qu'il s'enfuie.

Le conseil du Véto

De nombreux chats s'enfuient ou se perdent juste après un déménagement. Soyez patient : ne laissez pas sortir votre chat dans le jardin dès son arrivée !

Comment le faire voyager

Les chats qui détestent les transports ne sont pas faciles à aider car il n'existe pas de méthode universelle.

- Quelques jours avant le départ : tapissez le fond de la caisse d'une couverture épaisse et confortable, pulvérisez quelques sprays de phéromones de synthèse, et posez la caisse dans un coin du salon afin que votre chat puisse la découvrir (voire l'essayer).

- Avant le voyage, disposez plusieurs alèses au fond de la caisse (par-dessus la couverture), en remontant bien sur les côtés. Pulvérisez à nouveau des phéromones une heure avant d'enfermer votre chat.

- Pendant le voyage, si votre chat miaule beaucoup, essayez de lui cacher la vue, soit en le posant au sol, soit en recouvrant sa caisse d'un drap fin : certains chats sont plus à l'aise s'ils ne voient pas le paysage.

- Si vous envisagez de changer les alèses souillées, réfléchissez bien ! Êtes-vous certain de pouvoir faire entrer à nouveau votre chat dans la caisse ? Si vous en êtes sûr, sortez-le pour l'éponger. Si vous êtes en voiture, arrêtez-vous d'abord et, surtout, n'oubliez pas de bien fermer les fenêtres... Vous pouvez sécuriser l'opération en équipant votre chat d'un harnais et d'une laisse avant le départ.

▶ Enfin, tenez bon : les chats sont généralement très stressés au début du voyage, mais finissent par se calmer après une heure ou deux...

Quand consulter ?

Quand les choses s'emballent et que votre chat ne parvient pas à trouver l'apaisement, vous devez consulter. Plusieurs symptômes peuvent en effet s'amplifier :

▶ des griffades démesurées sont à l'origine de dégâts conséquents dans votre domicile ;

▶ le cercle vicieux du marquage urinaire s'installe (voir le chapitre 8) ;

▶ l'agressivité apparaît, liée à l'incapacité du chat à s'adapter à son nouveau domicile ;

▶ votre chat s'isole et ne sort plus de ses cachettes ;

▶ les voyages se passent de plus en plus mal : votre chat vomit, déclenche des diarrhées, panique.

Enfin, si votre chat vous semble prédisposé aux angoisses, n'hésitez pas à faire appel à votre vétérinaire avant des vacances ou un déménagement afin de mettre au point avec lui la marche à suivre.

Mon chat tyrannise ses congénères

Chapitre
6

Chez les Bonaccueil, Suy-Môa et Samva ont grandi ensemble. Ils vivent en bonne harmonie malgré des personnalités très différentes. Suy-Môa a un sacré caractère et a su imposer tous ses désirs à Samva : elle mange d'abord, passe toujours en premier ; c'est elle qui se couche sur le lit le soir entre ses maîtres ou qui s'installe sur le canapé à l'heure du journal télévisé. Il lui suffit de se figer ou de cracher pour déloger Samva, qui obtempère toujours nonchalamment. Samva évite toute négociation et profite des sorties de Suy-Môa pour venir se faire câliner à son tour ou occuper les places qu'elle a désertées... M. et Mme Bonaccueil ne sont pas étonnés : tout le monde leur a bien dit que les chattes écaille de tortue ont mauvais caractère et que les mâles roux sont les plus gentils...

Mme Bonaccueil s'apprête à accueillir un troisième chat. Son mari lui offre une petite femelle blanche de race exotic shorthair[1], le « chat de salon » dont elle a toujours rêvé !

Lorsque Facétie arrive à la maison, Mme Bonaccueil ouvre la caisse de transport sur le canapé et pose la petite chatte sur ses genoux : elle ronronne déjà ! Suy-Môa et Samva ont entendu la voiture arriver, ils rentrent de leur promenade et pointent le bout de leur nez par la baie vitrée... Tandis que Suy-Môa s'approche, le poil dressé et le regard fixé vers le canapé, Samva reste en retrait comme à son habitude, l'air inquiet. Suy-Môa a l'air tellement menaçant quand elle parvient au pied du canapé que Mme Bonaccueil, par réflexe, la chasse d'un grand mouvement de la main en criant. Suy-Môa sursaute et déguerpit, tandis que le chaton bondit dans sa caisse encore ouverte. Mais dans son échappée, Suy-Môa fait un détour, fonce sur Samva, l'agresse violemment, avant de

---

1. Chat persan à poil court.

détaler à toute vitesse vers le jardin, suivie peu après par son malheureux souffre-douleur.

M. et Mme Bonaccueil, paniqués, ferment toutes les portes et fenêtres. Ils récupèrent Facétie au fond de sa caisse et mettent à profit le reste de la journée pour lui faire découvrir les pièces principales : la cuisine, le salon et leur chambre, dans laquelle ils décident de l'installer provisoirement pour ne pas risquer de nouvelle confrontation.

Mme Bonaccueil consacre les jours qui suivent à organiser le planning d'accès au salon, afin que Facétie et Suy-Môa n'aient aucune chance de se croiser... Facétie ne semble pourtant pas avoir de séquelles de la première rencontre : joueuse et espiègle, elle s'est très vite adaptée, mange comme quatre et grimpe déjà aux rideaux. Elle prend même un malin plaisir à provoquer Suy-Môa derrière la baie vitrée, en se roulant par terre devant elle. Suy-Môa est offusquée : elle crache, gronde et dresse le poil de l'autre côté de la vitre ! Lorsque Facétie est enfin isolée dans la chambre, miaulant plaintivement derrière la porte (« Je m'ennuie ! »), Suy-Môa est autorisée à rentrer : elle consacre alors son temps à chercher le chaton partout, les yeux écarquillés et la démarche hésitante... Samva, quant à lui, ne rentre presque plus : en bon connaisseur des accès tyranniques de sa vieille compagne, il a provisoirement trouvé refuge dans la cabane de jardin... M. et Mme Bonaccueil s'interrogent : vont-ils pouvoir garder cette ravissante petite chatte ?

Changeons de point de vue : la cohabitation entre chats

Chez les Bonaccueil, les présentations ont été pour le moins ratées, mais c'est souvent le cas lorsqu'un nouveau chat est introduit dans un foyer... Suy-Môa est-elle vraiment le tyran domestique que sa couleur la prédisposait à être ? Pourquoi prend-elle Samva pour son punching-ball ? Et surtout, comment offrir à Facétie une deuxième chance de faire une bonne « première impression » ?

Les caractères des chats

On entend souvent dire que la personnalité d'un chat dépend de sa couleur, de sa race ou de son sexe... Mais c'est pourtant rarement vrai !

▸ Suy-Môa et Samva sont, aux yeux de leurs maîtres, tout à fait représentatifs de leur coloris ! Pourtant, aucun fondement scientifique ne vient étayer ce type de croyance... Interrogez d'autres propriétaires de chats : en fonction des régions et des histoires de chacun, vous constaterez que leurs témoignages peuvent être très divergents !

▸ Les chats ont-ils un caractère propre à leur race ? En moyenne, c'est possible : par exemple, les chats persans sont, en général, plutôt calmes. Mais chaque race présente aussi des individus qui sortent de la moyenne : Facétie, qui est particulièrement dynamique, en est un parfait exemple ! Le caractère d'un chat ne peut donc jamais être garanti par sa race...

▶ Suy-Môa et Facétie ont-elles plus ou moins de chances de s'entendre si ce sont deux femelles ? Dans notre expérience, le sexe des chats n'est pas un élément déterminant des relations amicales. En revanche, les comportements sexuels des chats adultes entraînent des modifications d'humeur qui peuvent déstabiliser les relations : dans les groupes de chats qui ne sont pas voués à l'élevage, la stérilisation est donc toujours préférable.

Relations territoriales et amicales

Avant que Facétie ne soit adoptée, l'organisation de Suy-Môa et Samva était bien rodée. Lorsque plusieurs chats cohabitent, en effet, l'espace disponible n'est pas réparti entre les chats mais s'organise plutôt en temps de présence.

▶ Chaque chat organise ses différents champs d'activité, dépose ses marques (voir le chapitre 5), mais reconnaît et accepte les marques phéromonales de son ou ses colocataires.

▶ Un « planning d'occupation » s'établit entre les chats résidents : ils peuvent partager leur litière, leurs gamelles et leurs lieux de repos, mais chacun dispose alors de son créneau horaire pour y accéder.

> L'établissement de ces horaires d'accès tient compte de règles de préséance (de priorité), qui s'instaurent en fonction du tempérament de chacun : chez les Bonaccueil, Suy-Môa a obtenu l'accès prioritaire.

Au-delà du partage de territoire, les chats peuvent (ou non) établir entre eux des relations amicales. Certains se tolèrent, tout en préférant s'éviter quand c'est possible. D'autres acceptent de se reposer ou de manger à proximité l'un de l'autre. D'autres enfin développent de vraies amitiés, se toilettant mutuellement, jouant ensemble ou dormant enchevêtrés.

La sociabilité du chat

Certains chats sont sociables avec leurs congénères, d'autres n'en supportent aucun. Les chats les plus sociables sont généralement ceux qui ont eu l'habitude de côtoyer leurs semblables de façon régulière (et amicale) depuis leur plus jeune âge.

Les heurts de la cohabitation

Dans les groupes de chats qui vivent en harmonie, des accrochages peuvent survenir, comme cela se passe d'ailleurs chez les personnes qui habitent ensemble...

Se disputer, c'est normal

Si Suy-Môa découvre Samva installé sur ce qu'elle considère comme son fauteuil, pas de doute, elle va réagir. Elle s'approche, saute sur l'accoudoir et feule. Samva (qui semble toujours rechercher la solution la plus simple) se réveille et déguerpit sans tarder pour ne pas irriter sa compagne acariâtre.

Pour un motif de ce type, deux chats de maison qui s'entendent pourtant bien peuvent ainsi déclencher une agression bruyante, avec coups de griffes, morsures, roulés-boulés et touffes de poils arrachées. Bien qu'impressionnant, le conflit n'a pas vocation à faire mal, mais juste à faire céder. Dans l'immense majorité des cas, aucune blessure n'est infligée. Ces épreuves de force visent à établir les règles d'accès et de préséance. Mené à son terme, le conflit a peu de chances de réapparaître : le chat qui a « gagné » le fauteuil le gardera, *a priori*, à l'avenir.

Le conseil du Véto

Si deux de vos chats se disputent pour de la nourriture, un lieu de repos, ou pour savoir à qui vous allez faire un câlin, n'intervenez pas ! En les empêchant de terminer leur « explication », vous risquez fort de faire renaître le conflit un peu plus tard : il leur faudra bien déterminer lequel est le plus motivé et le plus costaud...

Les problèmes de reconnaissance

Dans un groupe de chats bien réglé, certaines situations peuvent perturber l'équilibre établi et générer une agressivité passagère, par exemple :

© Groupe Eyrolles

- la modification du mobilier, qui transforme le territoire et l'organisation de chacun des chats ;
- la modification du planning des propriétaires, qui bouleverse inévitablement le planning des chats ;
- la modification des phéromones émises par l'un des chats (lorsqu'il revient de chez le vétérinaire, qu'il est malade, qu'il a eu très peur, qu'il prend des médicaments...).

Et, comme on le constate chez les Bonaccueil, l'introduction d'un nouveau chat est une source de déstabilisation majeure pour les chats résidents...

Le conseil du Véto

Lorsque deux chats se disputent, l'apaisement est plus facile si le milieu est ouvert : un accès libre au jardin leur donne la possibilité de s'isoler.

Un nouveau venu apparaît

Première rencontre

Pour Suy-Môa, ce premier contact est un cataclysme ! « Tiens, voilà mes maîtres ! », se dit-elle en entendant la voiture. Mais à peine arrivée au seuil du salon, l'odeur de l'intrus lui saute aux narines. Suy-Môa a repéré le chaton sur les genoux de sa maîtresse et son instinct lui indique qu'il n'est pas à sa place dans son salon. En s'approchant pour évaluer le niveau de danger et choisir la procédure adaptée, Suy-Môa ressent une grande tension : tous ses sens sont en alerte, ses pupilles se dilatent, son poil se dresse sur son dos. À son approche, sa maîtresse la chasse bruyamment ! Ce geste brusque fait déguerpir la chatte, au comble de l'irritation. Samva a la malchance d'être le seul à portée d'attaque, et c'est sur lui que Suy-Môa décharge alors toute son exaspération, même s'il n'est pourtant pas en cause...

L'agression redirigée

Votre chat est excédé par le passage d'autres chats devant une fenêtre, il vient d'avoir très peur d'un grand bruit ou il sent un intrus chez lui dont il ne peut s'approcher... Lorsqu'une situation est très irritante pour un chat, mais que l'objet de son exaspération lui est inaccessible, il peut déclencher une agression redirigée sur le premier individu à portée de lui (chat, chien, humain), même si ce dernier n'y est absolument pour rien ! Les agressions redirigées sont souvent violentes... et généralement incompréhensibles pour les maîtres.

Réorganisation du territoire

Suite à l'introduction d'un nouveau chat, tous les chats en présence doivent revoir leur organisation territoriale. Cette réorganisation est perturbée par la découverte du nouvel arrivant et les conflits que sa présence déclenche éventuellement.

Comme lors de déterritorialisation (voir le chapitre 5, page 93), chacun des protagonistes augmente ses efforts de marquage. Comme après un déménagement par exemple, la réorganisation du territoire de chacun s'accompagne d'une amplification du marquage facial, voire d'une augmentation des griffades. Cette situation est également propice à l'apparition de marquage urinaire.

La cohabitation harmonieuse est installée lorsque :

⚫ le territoire et les habitudes de chaque chat sont établis ;

⚫ les relations entre les chats sont stabilisées (évitement, indifférence ou amitié).

Chez les Bonaccueil, le temps n'est pas encore à l'organisation du planning ! Encore faudrait-il que les chats puissent évoluer librement...

Le choix de la fuite

Samva s'isole dans la cabane de jardin. Ce comportement lui permet de ne pas subir une nouvelle agression de Suy-Môa, et lui évite aussi de se confronter aux preuves de la présence de Facétie dans la maison. Pour un chat, la confrontation avec le nouveau venu n'est pas nécessaire pour déclencher la fuite : les meubles portent désormais les marques de la petite chatte et suffisent à dissuader Samva de réintégrer ce milieu devenu hostile. Dans une telle situation, de nombreux chats disparaissent : l'arrivée d'un congénère les pousse à fuir leur maison, de façon momentanée ou définitive. Ces chats trouvent alors, le plus souvent, un nouveau foyer dans lequel ils se font adopter, plus ou moins loin de leur maison d'origine. Cette éventualité doit toujours être envisagée lors de l'adoption d'un nouveau chat.

Ce qui ne marche pas

Forcer les présentations

Que devez-vous faire lors des présentations ? Devez-vous maintenir les chats pour qu'ils se reniflent progressivement ? Surtout pas ! L'intervention des maîtres lors des premiers contacts est toujours contre-indiquée : les chats ont besoin de toute leur liberté de mouvement et de fuite pour se découvrir.

- Tenter de contraindre ou de canaliser les chats est illusoire. Ils sont probablement très irrités et peu disposés à la contrainte. Toute intervention de votre part augmente donc le risque de réaction agressive.

- Les agressions ainsi déclenchées peuvent viser les maîtres qui interviennent, les chats en présence, et des agressions peuvent aussi être redirigées sur tout chat ou tout membre de la famille à proximité.

Séparer les chats

Suite à des présentations aussi houleuses, les maîtres font souvent le choix de séparer les chats. Deux chats qui se battent, c'est violent et effrayant, et personne ne souhaite que ça recommence... Les maîtres organisent alors leur maison en plusieurs espaces distincts et prévoient des sas de sécurité pour que jamais les chats ne puissent se croiser. Le quotidien devient vite très compliqué... Bien sûr, une telle organisation ne peut pas durer bien longtemps. Vos chats sont voués à vivre ensemble, et pour pouvoir s'habituer, il faudra bien qu'ils se confrontent. Vous allez devoir prendre votre courage à deux mains et... ouvrir les portes !

Le conseil du Véto

Quelle que soit l'intensité des menaces ou des agressions entre chats, soyez-en convaincu : les chats n'ont *jamais* pour objectif de se tuer l'un l'autre. Le conflit s'arrête toujours lorsqu'ils se sont réciproquement mis à distance.

Ce qui marche

Choisir le nouveau chat

Nos observations des relations félines doivent nous inciter à vous alerter : un nouveau « copain » n'est jamais un cadeau pour votre chat ! Parfois, de réelles amitiés naissent entre eux et enchantent toute la famille, mais ce n'est pas systématique... Bien souvent, vous devrez vous résoudre à tempérer vos ambitions : aucune intervention ne peut aider deux chats à se lier d'amitié. Ils ne s'aimeront que s'ils le veulent bien, en fonction de leur niveau de sociabilité et d'« atomes crochus » qui, malheureusement, nous échappent...

Si vous n'aimez pas l'idée d'avoir un chat qui vive seul, vous pouvez adopter dès le départ deux chatons plutôt qu'un seul : en les adoptant jeunes, et au même âge, qu'ils soient ou non issus de la même portée, vous augmenterez considérablement leurs chances de bien s'entendre à l'âge adulte.

Si vous possédez déjà un ou plusieurs chats adultes, adoptez plutôt un chaton :

- les chats adultes inhibent partiellement leur agressivité face à un jeune chat ;
- le chaton est plus adaptable et mémorise moins intensément les accrocs des présentations ;
- les chatons, plus joueurs et plus curieux, ont tendance à provoquer le contact avec les adultes déjà présents, favorisant ainsi la relation.

Faciliter l'adaptation du nouveau venu

Quel que soit l'âge du nouvel arrivant, rappelez-vous que deux défis l'attendent : apprivoiser l'espace et apprivoiser les occupants. Il est donc judicieux de lui permettre de s'acclimater, d'abord, à son nouveau foyer.

Réservez-lui une chambre

Comme lors d'un déménagement, réservez à votre nouveau chat une pièce avec sa litière et ses gamelles. Assurez-vous qu'il y trouve des cachettes (placard, dessous de meuble, caisse de transport ouverte). Pour ne pas perturber les rituels des chats déjà présents, ce qui ne manquerait pas de les irriter, choisissez la pièce qui a le moins d'importance pour eux, c'est-à-dire celle où ils vont le moins. Repérez les signes de détente du nouveau venu (voir le chapitre 5).

Faites-lui découvrir la maison

Trouvez un moyen pour faire visiter la maison à votre nouveau chat : attendez que les autres chats soient dehors et fermez les fenêtres, ou enfermez-les dans votre chambre lorsqu'ils dorment sur votre lit. Faites alors sortir le nouvel arrivant : il évolue librement, repère les lieux, et mémorise le chemin pour retourner à sa zone de repli ! Si cette méthode est difficile à appliquer dans un studio, nous devons souligner qu'un logement aussi petit n'est pas idéal pour y introduire un chat supplémentaire...

Devenez transporteur d'odeurs

Durant cette période, faites transiter les odeurs avec vous : laissez vos chats vous renifler après avoir câliné le nouveau venu (et réciproquement) ; échangez des couvertures sur lesquelles les chats ont dormi... Même sans être en présence, ils commencent ainsi à se familiariser (ils peuvent également se renifler sous la porte).

Vous n'avez plus qu'à... ne rien faire !

Quand le nouvel arrivant vous semble détendu et a conquis les lieux, respirez un grand coup et... ouvrez la porte ! Résistez à votre envie d'intervenir aux premiers hérissements de poils. Si vous vous sentez trop angoissé, faites réaliser cette étape par un autre membre de la famille : n'oubliez pas que les chats peuvent ressentir votre tension émotionnelle ! Soyez convaincu : en cas de friction, le nouveau venu aura vite fait de détaler dans sa zone repli et de disparaître de la vue des autres chats.

Coalition entre chats ?

Rien ne prédispose vos chats à s'allier ensemble pour agresser le nouveau venu. L'effet de meute, bien connu chez les chiens, n'a pas d'équivalence chez les chats. D'ailleurs, si des alliances apparaissent, elles peuvent inclure le nouvel arrivant et viser un des chats résidents.

L'acclimatation réciproque est très progressive. Elle s'étale sur un à deux mois en général.

> Les chats s'habituent d'abord à se supporter à distance, en s'observant du coin de l'œil. Pendant cette période, des feulements ou des coups de pattes persistent et permettent à chacun de conserver sa distance de sécurité.

- La présence rapprochée s'établit d'abord autour des ressources les plus motivantes : distribuez des friandises ou proposez-leur de la nourriture dans la même pièce, mais dans des gamelles séparées.

- Vous constaterez progressivement que chacun prend ses habitudes : la routine s'installe.

- Enfin, en fonction de leur degré d'amitié, les chats partageront éventuellement des périodes de repos (dans la même pièce, puis sur le même meuble), des jeux, ou du toilettage.

Le conseil du Véto

Pour ne pas obliger les chats à se côtoyer trop tôt et trop vite, conservez longtemps une litière et une gamelle par chat. Assurez-vous qu'il y a autant de cachettes (zones de repli) que de chats en présence. Et surtout, même si le « petit nouveau » est complètement craquant, n'abandonnez pas les rituels établis avec vos autres chats : ils ont toujours autant besoin de vos preuves d'affection !

Quand ça commence mal...

Quand la cohabitation peine à s'installer au cours des premières semaines, vous constatez que :

- vos chats ont des anicroches dès qu'ils se croisent ;

- l'un d'entre eux semble tendre des embuscades : il se tapit derrière un meuble, se cale sur ses postérieurs et attend le passage du chat qui l'agace pour lui fondre dessus et l'agresser ;

- un de vos chats est de moins en moins présent dans les lieux de vie (pièces où il risque de croiser les autres) ;
- vos chats vous « font la tête » : ils viennent moins à votre contact, les rituels disparaissent, ils sont irritables et peuvent vous griffer ou vous mordre si vous cherchez à les caresser.

Pour éviter que les inimitiés ne s'installent durablement, aidez vos chats par des interventions discrètes :

- installez un diffuseur de phéromones ou pulvérisez-les tous les deux jours dans chaque pièce, à cinq ou six endroits stratégiques (panier, coins de meuble) ;
- observez chaque chat : chacun doit pouvoir accéder à ses gamelles, sa litière et sa zone de repli sans avoir à se confronter aux autres ;
- trouvez une solution pour préserver de petits moments agréables avec chacun des chats : câlin, jeu ou friandise, trouvez ce qui leur fait le plus plaisir ;
- vos chats doivent se côtoyer pour s'habituer les uns aux autres mais, en cas de grande tension, vous pouvez les isoler quelques heures par jour, pour faire retomber la tension : enfermez-les lorsqu'ils dorment, chacun dans la pièce où il se repose habituellement.

Et surtout, en cas d'accrochage, ne les séparez pas !

Le conseil du Véto ✚

Si deux de vos chats se chamaillent et que vous souhaitez les isoler quelques heures, évitez de les enfermer de part et d'autre d'une baie vitrée, ce serait très agaçant pour eux !

Quand consulter ?

Les problèmes de cohabitation entre chats font souvent l'objet de consultations vétérinaires. Rassurez-vous, la plupart des cas pourront être améliorés par une prise en charge comportementale.

Certains signes doivent vous alerter :

- si la cohabitation se passe toujours aussi mal après un mois ou deux passés ensemble ;
- si des agressions apparaissent après une période harmonieuse ;
- si l'un des chats devient obnubilé par l'autre et semble n'avoir pour objectif que de le traquer dans la maison ;
- si l'un des chats s'isole au point de ne plus exprimer les comportements normaux d'un chat, ne jouant plus, semblant faire la tête à longueur de journée, ou s'il n'arrive même plus à sortir de sa cachette pour manger ou aller jusqu'à sa litière.

Les troubles anxieux liés à la cohabitation

Quand la relation entre deux chats devient très déséquilibrée, une situation pathologique s'installe comme un cercle vicieux : un chat devient totalement reclus dans une cachette, tandis que l'autre le traque constamment, l'empêchant d'en sortir et aggravant son isolement. Dans une telle situation, il n'y a pas de méchant et de gentil : les deux chats souffrent d'anxiété.

Enfin, consultez rapidement si un de vos chats n'est pas tout à fait normal : maladie chronique, syndrome hypersensibilité-hyperactivité (voir le chapitre 4), surdité… Les affections qui perturbent la communication compromettent l'acceptation réciproque.

Mon chat déteste les chiens

Chapitre

7

Vendetta était à peine sevrée quand Pap's et Moune l'ont trouvée dans leur jardin. Elle partage leur vie depuis lors, semble les apprécier, se repose à côté d'eux sur le canapé, accepte quelques caresses, mais elle semble indomptable : une contrariété, un imprévu ou une caresse de trop suffisent à déclencher un grand coup de griffes...

Vendetta ne supporte pas les visites : elle disparaît dès qu'une voiture inconnue se gare dans la cour et ne réapparaît qu'une fois les invités partis. Peu de visiteurs l'ont croisée, et tant mieux ! Si elle les aperçoit, Vendetta gronde sourdement avec les yeux tout noirs...

Quand Pap's et Moune préparent la maison pour accueillir leur fille et leur petit-fils en vacances, Vendetta est déjà en alerte : elle observe les caisses de jouets sorties du placard, renifle les lits que Moune vient de préparer, et suit sa maîtresse à la trace... Il lui a fallu plusieurs années pour s'habituer à la présence du petit garçon. Lorsqu'il était bébé, son babillage et ses cris la mettaient dans un état de stress intense : elle passait la majeure partie du séjour dans le garage, ne rentrant que pour manger. L'air terrorisé, elle semblait alors chercher le petit garçon partout. À chaque fois qu'elle le croisait, même de loin, elle se figeait et grondait en hérissant le poil. Pap's et Moune ont dû accroître leur vigilance : avec le caractère qu'elle a, Dieu sait ce qui aurait pu arriver si leur petit-fils s'était retrouvé nez à nez avec elle... En grandissant, le petit garçon est devenu moins bruyant, plus mesuré, et Vendetta peut désormais venir se reposer dans le salon en sa présence.

Cette année, Pap's et Moune apprennent avec angoisse que leur fille et leur petit-fils n'arrivent pas seuls : leur dernière recrue, le petit chien Oups, est du voyage ! À son arrivée, ce-

lui-ci découvre gaiement les lieux. Moune et sa fille le suivent à la trace pour s'assurer qu'il ne lève pas la patte dans la maison. Personne n'a remarqué Vendetta, cachée sous la table du salon... Tout à coup, un hurlement félin retentit : Vendetta est sortie, elle fait face au chien. Elle s'est transformée en balai-brosse, le poil intégralement hérissé, elle a les yeux exorbités et marche de travers dans sa direction... Oups, conscient du danger, plaque les oreilles et détourne la tête. À la seconde où Vendetta commence à le charger, il détale vers la première sortie. Mais Vendetta le rattrape avant qu'il n'atteigne la porte, et lui plante griffes et crocs au-dessus de la queue : Oups disparaît au fond du jardin dans un « kaï-kaï » déchirant... Vendetta, toujours hors d'elle, fait demi-tour. Elle revient vers le salon dans la même attitude et s'avance à présent vers le petit garçon, que sa mère soulève promptement dans ses bras. Pap's tente de pousser la chatte du bout du pied mais il se fait violemment mordre le mollet. Aux abris ! Moune fait sortir tout le monde ; elle tente héroïquement de chasser Vendetta vers le garage. La chatte est furieuse : elle crache, hurle, sort les griffes et attaque sauvagement le balai avec lequel Moune se protège. Le simple fait de la regarder semble suffisant pour déclencher une nouvelle offensive... Moune renonce, et ferme le salon. Il faut plusieurs heures pour que la chatte se calme et accepte de suivre sa maîtresse jusqu'au garage, où elle est enfermée provisoirement.

Pap's et Moune oscillent entre la peur et l'agacement : quelle idée de venir avec un chien ! Vendetta est-elle devenue folle ? Comment va-t-on tenir pendant la semaine de vacances ?

Changeons de point de vue : le chat associable et agressif

Vivre avec un chat aussi associable n'est pas de tout repos... Pourquoi Vendetta est-elle si susceptible ? Pourquoi faut-il toujours « respecter le protocole » avec elle ? Peut-on vivre avec une chatte aussi caractérielle sans se transformer soi-même en ermite ?

Il ne supporte rien ni personne !

Née d'une mère sauvage et abandonnée à quelques semaines, Vendetta n'a pas eu un développement propice à la rendre sociable et conciliante... Elle cumule ainsi les traits de caractère de Timoré et Balépate, croisés dans les deux premiers chapitres :

- par ses origines sauvages et sa rencontre tardive de l'espèce humaine, Vendetta est mal *socialisée* (voir le chapitre 1). Elle a progressivement accordé sa confiance à Pap's et Moune, mais elle se sent en danger face à toute autre personne ;

- Vendetta est irritable et tolère mal le contact physique : elle ne supporte ni les câlins ni la contrainte. Impossible de lui couper les griffes, de lui faire avaler un cachet ou même de la prendre dans les bras : elle fait partie des chats caressés-mordeurs (voir le chapitre 2). À la moindre irritation, elle devient agressive.

Peureuse et irritable, Vendetta est mal armée pour supporter le plus petit écart au protocole... Elle est prête à « dégainer » au moindre accès d'humeur. Il est illusoire de lui imposer quoi que ce soit !

De la peur à la phobie

Vendetta est très mal à l'aise en présence d'étrangers : elle les évite en s'éclipsant avant même qu'ils ne soient là. En cas de rencontre, Vendetta a des réactions de peur très intenses : elle crache, gronde, hérisse le poil et peut se montrer agressive.

Les yeux tout noirs

Le regard du chat change sous l'effet de la mydriase (dilatation des pupilles) qui accompagne le stress et la tension émotionnelle. Les yeux deviennent tout noirs, ou tout verts, ce qui donne au chat un regard effrayant.

Il anticipe le danger

Vendetta a appris à repérer les signes qui annoncent l'arrivée de visiteurs, la préparation des chambres par exemple. Ces signes annonciateurs déclenchent déjà chez elle de la peur et de la tension : ce processus s'appelle l'*anticipation*.

L'anticipation émotionnelle

La mémoire du chat ne lui est pas seulement utile à reconnaître une situation qui lui est désagréable. Le chat est également capable d'assimiler très précisément les prémices de cette situation. L'anticipation lui permet de développer des stratégies pour éviter la situation redoutée avant même qu'elle apparaisse. L'anticipation est aussi émotionnelle : si une situation est reconnue comme effrayante, le chat commence à ressentir de la peur dès qu'il en reconnaît les prémices.

Les phobies

Comme les peurs des êtres humains (phobie des araignées, des avions...), les peurs du chat peuvent se transformer en phobies. Le chat peut être phobique d'un événement (orage), de certains objets (aspirateur, voiture), ou des individus d'une espèce donnée (chien, humain). En cas de phobie, le chat développe des réactions de peur :

- systématiques (à chaque confrontation) ;
- anticipées (la peur est déclenchée par les signes annonciateurs de la rencontre) ;
- démesurées et incontrôlables (attaque de panique, fuite incontrôlée, agressivité).

Vendetta présente donc bien une phobie des personnes et, pour elle, la présence d'un enfant est une épreuve supplémentaire. Les enfants, surtout s'ils sont jeunes, possèdent une gestuelle et des vocalises très différentes de celles des adultes : ils sont agités et imprévisibles ; ils sont donc très effrayants pour les chats peureux !

Le conseil du Véto

Les premières rencontres entre un chat peureux et des enfants doivent se dérouler sous haute surveillance !

À chat particulier, attachement particulier

Pour le chat comme pour l'homme, en réponse à la peur, il est bon de pouvoir se rassurer auprès de ceux qu'on aime... Certains chats peureux ou associables peuvent ainsi développer un puissant attachement pour leur propriétaire afin de compenser leur fragilité. Ces liens sont d'autant plus appréciés qu'ils paraissent inattendus pour le maître (« Ce chat qui ne supporte personne n'aime que moi ! »).

La béquille affective

Certains chats phobiques développent un tel attachement à leur propriétaire qu'ils en deviennent dépendants et ne peuvent s'apaiser qu'en sa présence. Dans ce cas extrême, des troubles liés à la séparation peuvent apparaître : ingestion de tissus portés par le maître, boulimie, léchage compulsif lorsque le chat est laissé seul.

S'entendre comme chien et chat

Pap's et Moune peuvent en attester : Vendetta n'avait jamais rencontré de chien. Au-delà du caractère si spécial de Vendetta, l'amitié entre ces deux espèces est-elle réellement impossible ?

L'incompréhension réciproque

À première vue, plusieurs motifs interdisent chien et chat à faire bon ménage... Les chats considèrent naturellement les chiens comme des prédateurs potentiels. Ainsi, en présence d'un chien, les chats se sentent de prime abord en danger : ils fuient le plus vite possible ! Le chien possède quant à lui un réflexe de poursuite très développé : quand un objet ou un animal en mouvement passe devant ses yeux, le chien court derrière ! Les joggers, les vélos et autres trottinettes sont souvent l'objet de poursuites et la vue d'un chat qui détale est tout aussi stimulante : pas besoin de vouloir le manger pour lui courir derrière, les deux actions sont totalement distinctes. Mais pour le chat, être poursuivi par un prédateur potentiel revient à conforter sa première intuition : les chiens ne sont vraiment pas fréquentables...

Devenir amis

Certains chats peuvent revenir sur leur *a priori* instinctif au contact de chiens amicaux : dans de nombreuses familles, chien et chat cohabitent harmonieusement. L'entente s'installe plus facilement si chien et chat ont été habitués l'un à l'autre depuis leur plus jeune âge : plus la rencontre est précoce, plus la confiance est spontanée. Chien et chat peuvent alors dépasser leurs incompréhensions et apprendre à communiquer l'un avec l'autre.

Des codes de communication différents

Entre chien et chat, la communication est faite de quiproquos ! En vivant ensemble, ils comprennent que leurs attitudes corporelles ne signifient pas la même chose :

) le chien apprend qu'un chat qui bat de la queue n'est pas content (comme lui-même et les autres chiens qu'il connaît) : au contraire, il est très irrité !

) le chien constate aussi qu'un chat couché sur le côté, les pattes en l'air et les oreilles rabattues, n'est pas en train de provoquer le jeu, comme il le ferait lui-même : il se prépare à passer à l'attaque !

Lorsque la rencontre est plus tardive, par exemple si l'un des deux est adulte, les amitiés sont plus aléatoires. La mise en confiance réciproque dépend de la capacité d'adaptation du chat (certains ont une forte propension à la confiance, d'autres moins) et du self-control du chien. Le plus souvent, l'espoir est permis ! Faire cohabiter un chien et un chat est possible dans la plupart des cas... sous réserve de ne pas trop rater les premières rencontres !

© Groupe Eyrolles

Le feu d'artifice agressif

Avant même que le chien ne soit entré dans la maison, Vendetta est très tendue. Elle a vu ses maîtres s'agiter ces derniers jours : c'est certain, les visiteurs seront bientôt là... À leur arrivée, cachée sous la table du salon, elle aperçoit soudain un individu poilu, à l'odeur très forte, qui ne ressemble à rien de ce qu'elle connaît. Il est au milieu de *son* salon et il s'approche d'elle ! Vendetta sent son instinct l'envahir dans un accès de colère intense : son poil se gonfle, elle se positionne de côté pour gagner encore du volume et entame la charge avec un aplomb déraisonnable, le regard fixé sur l'envahisseur. Objectif principal : faire fuir l'intrus ! Quitte à utiliser tout le répertoire dont elle dispose : morsures, griffures, hurlements...

L'agression territoriale

Lorsque le chat découvre un intrus sur son territoire, il peut déclencher une offensive pour le faire fuir. Il hérisse le poil, marche de côté, feule, gronde ou hurle, puis lui fonce dessus. La charge cesse si l'intrus s'éloigne, avant ou après avoir été violemment agressé. Les agressions territoriales sont fréquentes entre chats ; elles provoquent des blessures et des abcès. Moins souvent, des personnes ou des chiens, considérés comme étrangers et indésirables, peuvent être chassés du territoire selon le même protocole !

Vendetta a obtenu gain de cause : le chien a disparu...
Mais la tension ne se dissipe pas facilement après un
stress aussi intense. Vendetta revient vers le salon,
toujours submergée par son irritation. Le petit garçon
qui la met si mal à l'aise est là. Elle ne peut s'empêcher
de le fixer, sa présence lui est insupportable. Quand
Pap's approche son pied pour lui barrer le chemin,
Vendetta lui mord le mollet de façon incontrôlée, à la
mesure de sa tension émotionnelle...

Agression par irritation, agression redirigée

L'agression par irritation se produit lorsque le
chat est agacé, irrité, rendu susceptible par un
stress. La peur, qui est une source d'irritation
pour le chat, augmente donc le risque d'agression.

L'agression redirigée est une agression par pro-
curation : si l'objet de l'exaspération du chat est
inaccessible, ce dernier peut agresser tout individu, même innocent, qui passe à portée de lui.

Vendetta trouve refuge sous la table, au comble de
l'irritation et de la panique. Hors d'elle, elle a perdu
toute capacité d'analyse. Moune tente de la chasser,
la regarde en criant et la harcèle à présent avec un
manche à balai... Si les stimulations continuent,
Vendetta ne répondra bientôt plus de rien...

Le conseil du Véto

Dans une telle situation, fuyez ! Toute tentative de maîtrise est illusoire. Face à une crise agressive de votre chat, enfermez-le, seul et au calme, pendant plusieurs heures, avant de faire quoi que ce soit.

La crise de furie

« On ne l'avait jamais vu comme ça ! », « On ne le reconnaissait plus ! », « Il était comme possédé ! », « Il m'a fait la peur de ma vie ! »... Les formulations ne manquent pas pour décrire l'extrême violence subite dont un chat peut faire preuve.

Les crises de furie du chat sont généralement le fruit d'un cocktail explosif de peur et d'irritation :

- comme Vendetta, le chat a eu une crise de panique (chute, bruit violent, peur intense) ; il est encore submergé par sa peur et quelqu'un essaie à tout prix de le manipuler ;
- les maîtres n'arrivent pas à faire entrer le chat dans sa caisse de transport ; les tentatives sont de plus en plus musclées, le chat est poursuivi sous les meubles ;
- le chat est pourchassé et coincé pour une punition violente.

Soumis à cette situation sans pouvoir s'y soustraire, le chat est rapidement débordé par ses émotions et déclenche une crise de furie incontrôlable. Semblant exploser de colère, il agresse violemment, sans aucun contrôle et sans discernement : tout ce qui passe à portée de ses griffes ou de ses dents est littéralement lacéré. Les agressions sont d'abord défensives, elles cessent si on laisse le chat tranquille. Mais lorsque l'état de panique devient incontrôlable, les agressions deviennent offensives : il attaque.

Soulignons à sa décharge que le chat est lui-même victime de sa crise, il est incapable de se canaliser ; des manifestations physiques de la peur (giclées d'urine, diarrhée violente) peuvent ainsi accompagner les agressions.

Réagir à une crise de furie

Si votre chat déclenche une crise de furie, quelle qu'en soit la cause (et même si vous ne comprenez pas ce qui lui prend) :

✓ Cessez toute interaction : raisonner votre chat est illusoire, tenter de le faire céder est déraisonnable. Enfermez-le dans la pièce où il se trouve. Si cette pièce possède un accès vers le jardin, ouvrez-le ;

✓ Laissez votre chat seul pendant plusieurs heures, sans aller le voir (votre simple vue peut suffire à faire redémarrer la crise). Ouvrez ensuite les portes, mais ne le sollicitez surtout pas : attendez qu'il revienne de lui-même. Cette étape peut prendre toute une journée ;

✓ Attendez que son expression soit redevenue normale pour interagir à nouveau avec lui : ne lui parlez pas, ne le regardez pas, ne le caressez pas tant qu'il semble toujours figé, les yeux noirs, l'air paniqué.

Abandonnez toute ambition visant à lui faire comprendre votre mécontentement : pas de punition, pas d'attitude menaçante. L'équilibre émotionnel du chat après une crise aussi violente peut rester fragile pendant plusieurs jours.

Ce qui ne marche pas

La provocation

Pap's décide que, pour s'habituer l'un à l'autre, Vendetta et Oups auront le droit de se regarder à travers la baie vitrée. En toute logique, c'est Vendetta qui restera dans le salon, afin de bien montrer à Oups qu'elle est chez elle… Vendetta se retrouve plantée devant la vitre, face au chien qu'elle ne peut pas faire fuir, puisque la porte l'en empêche. Son irritation enfle, son poil se hérisse, elle grogne. Pap's a bien retenu la leçon, il se tient à distance pour ne pas s'exposer à une morsure. Mais son petit-fils sort de sa chambre en criant. Une deuxième cause d'irritation (les cris de l'enfant) vient s'ajouter à la première (le chien devant la vitre) : Vendetta explose et attaque le petit garçon.

Le conseil du Véto

Réfrénez votre créativité ! Bien souvent, les solutions de mise en contact progressif, si élaborées soient-elles, ont un effet néfaste sur votre chat : il ne peut explorer librement et son irritation augmente, le rendant encore plus agressif.

Le jeu de portes continuel

Vendetta est enfin parvenue à se détendre, au calme, dans le garage. Mais Moune trouve la situation trop injuste. Elle attend que les visiteurs soient partis en promenade et libère momentanément Vendetta dans la maison. Des affaires et des jouets y sont encore éparpillés... Vendetta en déduit que leurs vacances ne sont pas finies et qu'ils peuvent surgir à tout moment. Elle reste imprégnée du souvenir de la première rencontre avec le chien : elle est sur le qui-vive, avance à pas de loup, regarde à droite et à gauche à chaque passage de porte, le corps tendu et prête à l'action si nécessaire... L'épisode n'a rien de reposant. Moune réalise que l'heure tourne : ils vont bientôt rentrer ! Il s'agit à présent de remettre Vendetta au garage. Mais la chatte n'a pas fini son inspection, elle ne l'entend pas de cette oreille ! Moune doit l'appeler, la pousser gentiment, lui proposer un peu de pâtée pour l'attirer vers le garage... et finalement parvenir à l'enfermer. Vendetta, complètement stressée, mettra à nouveau plusieurs heures à se détendre...

Le conseil du Véto

Si la cohabitation est momentanée et que votre chat ne supporte pas les visiteurs (personnes ou chien), n'hésitez pas à l'isoler pour toute la durée du séjour. Ne culpabilisez pas ! Il n'est pas question de le punir, mais de le soustraire avec bienveillance à ce qui lui fait tellement peur et le rend si irritable.

Devenir aussi associable que son chat

À première vue, cette solution prête à sourire, mais certains propriétaires de chats associables finissent par renoncer à recevoir chez eux ! Pourtant, le chat ne peut apprendre à gérer les intrusions sur son territoire que si… ça arrive et que ça se passe bien ! Sans visites, le chat ne peut pas progresser, pas plus d'ailleurs que si chaque visite se passe mal… Chez un chat constamment isolé, lorsqu'une visite devient inévitable, elle a toutes les chances de déclencher des réactions violentes.

Ce qui marche

Un peu d'analyse préalable

Si votre chat est aussi spécial que Vendetta, vous êtes sans doute le mieux placé pour savoir, *a priori*, ce qu'il est capable de supporter. Au-delà du risque d'agression, les chats qui se sentent mal chez eux ont souvent le réflexe de déménager, et le départ de votre compagnon est toujours une possibilité. Sachez écouter votre petite voix intérieure avant de lui faire subir la présence d'un visiteur atypique ou, pire encore, d'adopter un autre animal…

Mais gardez aussi l'esprit ouvert : parfois, la cohabitation se passe mieux que prévu. La capacité d'adaptation des chats est parfois stupéfiante, et des situations à première vue impossibles peuvent trouver un dénouement heureux, malgré quelques accrocs au départ.

L'isolement momentané

Si vous devez isoler votre chat, en présence de personnes ou d'animaux de passage :

- installez-le dans une pièce qu'il connaît, avec ce dont il a besoin (gamelles, litière, panier et cachette) ;

- assurez-vous que l'accès à cette pièce est réellement contrôlable (verrou, serrure), surtout si vous souhaitez isoler votre chat des enfants : rien n'est plus attirant pour un enfant que de braver l'interdit et il est souvent difficile de leur expliquer qu'un félin furibond sommeille sous la fourrure soyeuse...

- confinez votre chat dans son lieu d'isolement tant que la maison n'est pas débarrassée des stigmates de l'occupation ! Plutôt que de le déplacer, allez passer un peu de temps avec lui chaque jour.

L'acclimater à une nouvelle présence

Parfois, n'en déplaise au chat associable, le foyer doit s'agrandir. Qu'il s'agisse d'un nouveau membre de la famille (un enfant) ou d'un nouveau compagnon canin, le chat peureux devra s'y adapter. Quelques mesures simples peuvent l'y aider.

Définir son espace

Quelle que soit l'espèce du nouvel occupant, le chat doit savoir qu'il peut compter sur ses possibilités de repli.

> Réservez-lui un espace de la maison (un étage ou une pièce) et limitez-en l'accès, par une barrière de sécurité par exemple, franchissable uniquement par lui.

> Assurez-vous que cet espace dédié lui est toujours accessible : rappelez-vous que la possibilité de fuite réduit les manifestations agressives du chat peureux.

> Le jour de l'arrivée du nouvel occupant, isolez votre chat dans son espace, laissez-le prendre conscience de la nouvelle présence par les bruits qu'elle provoque, et faites d'abord des présentations indirectes (voir le chapitre 6).

Le conseil du Véto

Évitez à tout prix la confrontation directe, brutale et sans préavis entre votre chat associable et le nouvel arrivant !

Initier sa rencontre avec un enfant

Choisissez un moment de calme et d'immobilité de l'enfant. Si c'est un bébé, prenez-le dans les bras, puis laissez votre chat approcher.

> Ne forcez jamais le chat à venir au contact, ni à se faire caresser, c'est toujours votre chat qui doit régler la distance entre lui-même et l'« intrus ».

> Si le bébé hurle, si les enfants s'excitent, laissez votre chat s'isoler, ne lui faites pas subir l'agitation.

▷ Soyez patient, l'approche peut prendre plusieurs semaines. Le premier contact se fait souvent dans un moment de grand calme : pendant une tétée du bébé, quand un enfant plus grand est captivé par un film.

▷ Évitez à tout prix la rencontre en situation fermée (chat coincé sous un meuble, attrapé de force...) : s'il ne peut pas fuir, votre chat n'aura pas d'autre option que d'agresser...

Accueillir un chien

Faites des présentations en terrain neutre, dans le jardin par exemple. Vérifiez que votre chat peut fuir ou au moins se mettre à l'abri en hauteur.

▷ Tenez votre chien pour que, surtout, il ne course pas le chat.

▷ Occupez le chien (balle, nourriture) pour que votre chat puisse l'observer de loin.

▷ Progressivement, laissez-leur plus de liberté pour s'approcher l'un de l'autre. La première approche a souvent lieu quand le chien est profondément endormi ou du moins parfaitement immobile.

Le conseil du Véto

Si vous avez le choix, adoptez un chiot plutôt qu'un chien adulte. Les chiots sont plus malléables, ils s'adaptent beaucoup mieux aux limites que leur donne le chat de la maison.

Quand consulter ?

Si votre chat fait une crise de furie, appelez toujours votre vétérinaire, surtout si les causes de la crise ne vous ont pas paru très claires. Beaucoup de maladies peuvent en effet se manifester par de violents accès d'humeur : des affections comportementales (crises anxieuses, maladies psychiatriques), mais aussi des affections médicales (trouble neurologique, trouble hormonal, crise douloureuse aiguë). Un bilan de santé est alors indispensable.

Avec un chat associable et agressif, n'hésitez pas à consulter un vétérinaire avant l'arrivée d'un enfant ou d'un chien, afin d'établir avec lui la marche à suivre. Enfin, consultez si la cohabitation se passe mal, que votre chat semble souffrir, ou si le sentiment de danger est palpable. De nombreuses aides médicales (phéromones, compléments alimentaires déstressants ou médicaments anxiolytiques) peuvent l'aider.

Mon chat fait pipi partout pour se venger

Chapitre

8

Jules, célibataire, vit avec son chat Picasso dans un grand appartement. Comme deux vieux copains colocataires, leur complicité est immense. Jules a toujours présenté ses petites amies à Picasso. Celui-ci, très aimable avec elles, a néanmoins joué un tour pendable à certaines, en urinant sur leurs affaires à l'occasion de leurs visites... Jules n'a jamais réussi à le prendre sur le fait. Il a bien essayé de le gronder, mais rien n'y faisait : certaines jeunes femmes avaient systématiquement droit au petit « cadeau ». Finalement, Jules s'est toujours demandé si son chat n'utilisait pas cette méthode pour lui donner un avis sur ses conquêtes...

Quand Jules rencontre Mlle Proprette, c'est avec une certaine inquiétude qu'il la présente à Picasso. Entre la jeune femme et le chat, le coup de foudre est immédiat ! Pas de pipi sur ses affaires et de longues séances de câlins dans le canapé : Picasso semble donner un aval inconditionnel à son propriétaire ravi (et sacrément rassuré).

Jules propose à Mlle Proprette de s'installer avec lui. En vraie petite femme d'intérieur, celle-ci investit les lieux et s'applique à remettre de l'ordre dans cet appartement désordonné. Tas de vêtements, vieux cartons, tout doit disparaître ! Mlle Proprette range, récure, et semble vivre avec un chiffon à la main : l'appartement est lessivé, les meubles nettoyés, l'intérieur est rutilant. Même quand c'est propre, Mlle Proprette refait encore le tour avec ses lingettes... Quelle transformation !

Picasso commence alors à se manifester : il se met à griffer régulièrement les meubles et le chambranle des portes, sous l'œil contrarié de son maître... Jules se fâche et houspille ostensiblement son chat pour convaincre sa compagne qu'il désapprouve ce type d'attitude ! Mais les griffades persistent. Peu de temps après, Jules découvre avec horreur quelques

giclées d'urine dégoulinant sur le mur et le côté du canapé...
C'en est trop ! Jules saisit brutalement Picasso par la peau du
cou, lui écrase le nez sur une des taches, avant de le poser fer-
mement dans sa litière : « C'est ici que tu dois aller, Picasso ! »
Le chat détale et passe la journée caché sous le lit, pendant
que Mlle Proprette s'acharne contre les marques avec le désin-
fectant le plus puissant dont elle dispose... Picasso ne semble
pourtant pas comprendre la leçon : de nouveaux pipis sont
trouvés chaque jour, et sanctionnés selon le même protocole.
En très peu de temps, la situation devient critique : l'apparte-
ment empeste l'eau de Javel, mais Picasso renonce à présent à
utiliser sa litière. D'énormes flaques d'urine apparaissent sur
le tapis de la salle de bains, au milieu du salon, et, un matin,
une crotte est retrouvée dans la cuisine, juste à l'aplomb de
la machine à café... Jules met le pied dedans au réveil, à croire
que Picasso l'a fait exprès ! L'ambiance est pesante : entre les
deux anciens complices, les relations se résument désormais
aux punitions infligées à chaque nouvel accident. Le reste du
temps, Picasso n'apparaît même plus en présence de Jules...
Mlle Proprette est désolée. Picasso est pourtant si gentil avec
elle : il a l'air tout malheureux lorsqu'il sort de sa cachette
pour venir la voir, sitôt que Jules a quitté l'appartement...
Jules est perplexe : pourquoi Picasso se venge-t-il de la sorte
alors qu'il semble tellement apprécier Mlle Proprette ?

Changeons de point de vue : marquage et malpropreté

Les problèmes de propreté sont très fréquents chez le chat, ils causent nombre d'abandons dans les refuges. Les « accidents », qu'ils soient urinaires ou fécaux, sont une source légitime d'exaspération pour les propriétaires et génèrent beaucoup d'incompréhension. Le chat est naturellement propre, la plupart du temps dès son adoption. Lors de malpropreté subite, les propriétaires ont donc naturellement tendance à y voir une démarche volontaire ou une vengeance, motivée par un accès de mauvais caractère...

L'apprentissage de la propreté chez le chat

Dès ses premiers pas, au contact de sa mère et de sa fratrie, le chaton apprend à éliminer en dehors du nid, dans une surface meuble (que l'on peut creuser), et à recouvrir ses besoins (à les enfouir, ce qui lui permet de les cacher). Dans la majorité des cas, le chaton est donc propre dès l'adoption : il utilise spontanément sa litière (qui lui permet de retrouver ces conditions) sans aucune intervention de ses maîtres.

Marquage ou malpropreté ?

Picasso nous offre un festival de pipis en dehors de la litière... D'abord retrouvées sous forme de petits spots[1] sur des surfaces verticales (marquage urinaire), les marques d'urine deviennent bientôt de grosses flaques au sol (malpropreté).

L'observation des taches produites est importante : en effet, marquage et malpropreté (présents tous deux quel que soit le sexe du chat) n'ont pas la même signification et n'appellent pas toujours les mêmes réponses.

- Le marquage urinaire est un comportement normal (voir le chapitre 5). Dans un environnement stable et apaisant, le chat l'utilise rarement : il marque éventuellement les bornes de son territoire (au fond du jardin par exemple). Le marquage urinaire peut s'amplifier lors de perturbations émotionnelles ou territoriales importantes. Chez les chats non stérilisés, il se développe également lors des périodes d'activité sexuelle.

- La malpropreté (qu'elle soit urinaire ou fécale) n'a *jamais* vocation à marquer le territoire : elle fait presque toujours suite à une perturbation du chat.

---

1. Marques d'urine de quelques gouttes envoyées sur un support vertical.

© Groupe Eyrolles

Le conseil du Véto

Si votre chat adolescent (vers 5 ou 6 mois) commence à faire du marquage urinaire, envisagez au plus vite de le faire stériliser : passées quelques semaines, l'habitude pourrait devenir difficilement réversible.

Les différences entre marquage et malpropreté

	Marquage	Malpropreté
Déroulement, séquence	Le chat renifle une surface verticale, il se retourne, la queue dressée et frétillante, il émet quelques gouttes d'urine	Le chat gratte une surface horizontale, il s'accroupit et élimine complètement (il se soulage). Il mime le recouvrement (même sur une surface lisse)
Résultat en image	Spot urinaire	Une flaque de pipi ou une crotte entière
Fonction	Marquage du territoire : marque visuelle et dépôt de phéromones	Aucune (généralement liée à une perturbation)

Déstabilisation du territoire et marquage urinaire

Le pipi sur les affaires des visiteurs

Pourquoi Picasso a-t-il parfois uriné sur les affaires des demoiselles de passage ?

Picasso voit entrer dans son appartement une nouvelle personne. Celle-ci dégage une très forte odeur qu'il ne connaît pas. Picasso, très organisé en ce qui concerne son « chez-lui », renifle la nouvelle venue (ces effluves de lavande et de rose musquée sont vraiment très agressifs). Il vient sentir son maître afin de savoir s'il a, lui aussi, été gagné par cette odeur entêtante : en effet, Jules en est également imprégné, c'est très agaçant... Picasso se frotte à son maître pour compenser ce parfum désagréable, mais l'odeur persiste... Picasso continue donc son exploration sur le sac et les affaires, disposés au sol, de la nouvelle venue. Mais même en marchant dessus, pas moyen de déposer suffisamment de phéromones sur ce tas de tissu qui l'indispose. Picasso subit alors une réaction instinctive : il se retourne et envoie un petit jet d'urine sur le sac. Ça sent toujours mauvais, mais il reconnaît un peu son odeur à présent... Picasso a réalisé un marquage urinaire en réaction à la déstabilisation momentanée de l'équilibre de son territoire.

Le marquage urinaire pour compenser

Mlle Proprette ne dérange pas Picasso, ils développent rapidement des relations amicales gratifiantes : le chat ne perçoit donc pas la nouvelle concubine comme un élément déstabilisant. En revanche, la folie ménagère de Mlle Proprette conduit à deux perturbations importantes :

> la mise en ordre de l'appartement fait disparaître les tas de vêtements (sur lesquels Picasso se cou-

chait) et les cartons éparpillés (dans lesquels il se cachait) : l'organisation spatiale du territoire de Picasso est perturbée ;

▶ par son nettoyage continuel, Mlle Proprette fait disparaître les marques phéromonales que Picasso avait déposées en se frottant sur son passage. Il augmente alors son marquage facial pour restaurer l'organisation de son espace, mais Mlle Proprette repasse toujours derrière lui pour nettoyer à nouveau. Picasso est privé de ses marques apaisantes, son balisage territorial est anéanti.

Le territoire de Picasso est désorganisé. En compensation, Picasso développe d'abord des griffades, puis du marquage urinaire, comme pour tenter de réorganiser rapidement son espace et son apaisement.

L'augmentation du marquage est réversible

En cas de déstabilisation émotionnelle ou de déstabilisation du territoire, le chat réagit d'abord par une augmentation du marquage facial, puis par une augmentation des griffades. Si ces efforts sont insuffisants pour lui procurer de l'apaisement, du marquage urinaire apparaît, tandis que le marquage facial diminue. À ce stade, le processus est encore réversible : le marquage urinaire peut disparaître (au profit du marquage facial) si la cause de déstabilisation du chat disparaît, et que le chat parvient à réorganiser son territoire.

L'engrenage punitif

Jules est en colère. Il ne comprend pas pourquoi Picasso se comporte ainsi. Il voit dans le comportement de son chat une démarche délibérée et volontaire. Dans cette logique, malheureusement erronée, il le punit brutalement pour lui faire comprendre son mécontentement. Picasso se retrouve confronté à une nouvelle cause de déséquilibre, qui vient s'ajouter aux précédentes : les relations avec son propriétaire se dégradent à vue d'œil ! À présent, Jules lui fait peur, et il se cache dès qu'il l'entend arriver dans l'appartement. Picasso ne sait plus où se mettre pour ne pas s'attirer les foudres de son maître : il se replie sous le lit et y passe la majeure partie de sa journée. De plus, croyant être explicite, Jules a plusieurs fois attrapé Picasso pour le poser brutalement dans sa litière. Picasso, qui n'a pas compris la raison de cette attitude violente, associe désormais son bac à litière à ce souvenir traumatisant : il a désormais peur de son bac. Quand le besoin d'éliminer devient incontrôlable, même en l'absence de son maître, Picasso choisit donc d'éliminer ailleurs que dans sa litière.

La punition ressentie par le chat

L'attitude du maître n'a pas besoin d'être « musclée » pour être ressentie comme une punition par le chat. Au-delà des sanctions physiques (prise brutale par la peau du cou, fessée) ou verbales (cris, paroles fortes et menaçantes), certaines punitions sont beaucoup plus insidieuses :

lorsque vous en voulez à votre chat, vous risquez (consciemment ou non) de lui faire la tête et de supprimer les rituels que vous avez créés avec lui. Ces modifications des habitudes, ainsi que votre irritation, n'échappent pas à un animal aussi sensible : votre chat les ressent également comme une punition dont il ne parvient pas à comprendre la cause.

Les punitions de Jules ont donc exactement l'effet inverse de ce qu'il recherchait. Chez le chat, l'engrenage punitif et la perte du lien avec les maîtres sont presque toujours en jeu quand la malpropreté s'installe : la dégradation du lien affectif est tellement déstabilisante pour le chat qu'elle devient elle-même cause de malpropreté.

L'évolution anxieuse

Puni, ne sachant plus où éliminer, et privé des relations avec son maître, le chat malpropre peut basculer dans un état d'anxiété : la peur ne le quitte plus, il est sans cesse sur le qui-vive, il ne parvient plus à s'apaiser. Si la situation ne s'améliore pas, l'anxiété peut évoluer dans deux directions :

▶ le repli sur soi, l'isolement accru, assorti éventuellement de comportements compulsifs (léchage, boulimie) ;

▶ l'agressivité globale, qui ne sera pas réservée uniquement à la personne qui le punit.

D'innombrables causes de malpropreté

Pour Picasso, du marquage urinaire a précédé la malpropreté, mais ce n'est pas toujours le cas. La malpropreté (urinaire ou fécale) peut apparaître directement et s'aggraver de la même façon sous l'effet de l'engrenage punitif. De nombreuses causes peuvent être à l'origine d'un premier « accident » involontaire qui déclenche le cercle vicieux :

» La litière est inaccessible : la pièce est fermée, la chatière est coincée, ou encore le chemin pour s'y rendre est devenu dangereux (nouveau chien, nouveau chat, visiteurs effrayants).

» L'emplacement est inadapté : la litière est à l'autre bout de la maison pour un tout petit chaton, elle est en haut des escaliers pour un vieux chat qui a mal au dos, ou elle a été déplacée à un nouvel endroit que le chat ne trouve pas.

» La litière est repoussante : elle est trop sale, les granulés choisis ne plaisent pas au chat, des désodorisants l'indisposent.

» La litière fait peur : les punitions ont fait intervenir le bac à litière et l'ont rendu effrayant, ou le bac à litière a été remplacé par un bac fermé (avec couvercle, comme une grande caisse de transport) et le chat a peur d'y entrer...

» Le chat a été malade : Il a eu une cystite[1] ou de la diarrhée et a associé le bac à litière à la dou-

---

1. Cystite : inflammation de la vessie, très douloureuse, à l'origine d'efforts répétés du chat pour uriner même si sa vessie est vide.

leur ressentie pendant qu'il faisait ses besoins, ou encore l'urgence l'a empêché de se retenir.

▸ Le chat préfère d'autres substrats : il apprécie la sensation moelleuse du tapis de bain, de la couette du lit, ou des coussins du canapé, et préfère éliminer sur ces surfaces.

▸ Le chat est très perturbé : quelle qu'en soit la cause, toute perturbation émotionnelle importante (peur, douleur, maladie, déménagement, cohabitation) peut désorganiser le comportement d'élimination du chat, ou déclencher une *cystite émotionnelle*, et faire apparaître de la malpropreté.

Cystite émotionnelle

Lors de stress intense, le chat peut déclencher une cystite d'origine émotionnelle : la paroi de sa vessie devient irritée, saigne, et son urine le brûle. Le chat ressent une violente envie d'uriner là où il se trouve : de la malpropreté peut apparaître. Les urines peuvent être rosées (à cause du sang mélangé) ou au contraire le chat peut se mettre en position sans rien éliminer, comme s'il était constipé. Une consultation vétérinaire s'impose rapidement.

Étonnamment, la malpropreté peut être uniquement urinaire, ou uniquement fécale : par exemple, un chat qui présente une malpropreté fécale systématique (à la suite de violentes diarrhées par exemple) peut continuer à uriner dans sa litière.

© Groupe Eyrolles

Ce qui ne marche pas

Il sait qu'il a mal fait !

Jules décide de traquer discrètement Picasso... Il le surprend sur son lit, en train de gratter. Le chat tourne la tête, voit son maître, et le fixe tandis qu'il urine rapidement avant de détaler à toute vitesse ! C'est presque de la provocation ! Et pourtant... Picasso, qui se fait gronder tous les jours, guette en fait la punition. Il a peur, surtout lorsqu'il voit son maître s'approcher, et il élimine donc le plus vite possible avant de déguerpir.

Lorsque le cercle punitif est installé, les chats éliminent de plus en plus vite : progressivement, ils ne prennent plus la peine de gratter avant, ni de faire semblant de recouvrir leurs besoins, et détalent dès qu'ils se sont soulagés. Le comportement devient rapidement un réflexe, moins réfléchi, et donc moins réversible : la malpropreté s'installe durablement.

Le conseil du Véto

Il est inutile de lui mettre le nez dedans ! Votre chat sait très bien que c'est à lui ! Aucun chat n'est jamais redevenu propre avec cette méthode, qui contribue au contraire à aggraver rapidement la malpropreté...

Détergents et désodorisants

Vous avez sorti tout l'arsenal de produits d'entretien pour éliminer l'odeur laissée par votre chat ? C'est malheureusement inutile... La plupart des produits ménagers contiennent des dérivés ammoniaqués qui rappellent au chat l'odeur de son urine... Il n'est donc pas impossible que les émanations l'incitent même à réutiliser l'endroit que vous avez nettoyé.

Le conseil du Véto

Pour faire disparaître toute trace de l'accident, frottez bien les joints du carrelage, le cas échéant, pour que l'odeur ne s'y imprègne pas. En dernier rinçage, utilisez de l'eau pétillante, du jus de citron ou du vinaigre blanc, qui sont les seuls produits dont l'odeur n'est pas attractive pour le chat.

Quand de la malpropreté apparaît, inutile d'investir dans plusieurs types de litière parfumée, que vous essayeriez successivement... Votre chat risque de ne pas supporter ces effluves fleuris. Pour certains chats, le bac peut même devenir totalement repoussant, et c'est alors une raison supplémentaire de faire ses besoins ailleurs.

Le conseil du Véto

Ne considérez pas les litières parfumées et autres désodorisants comme un cadeau pour votre chat, car peu d'entre eux les apprécient : c'est bien vos narines qui sont ciblées par ce type de produits !

Ce qui marche

Restaurer l'équilibre du territoire

En cas de malpropreté passagère, et à plus forte raison en cas de marquage urinaire, tâchez de restaurer l'équilibre du territoire de votre chat. Si une cause évidente semble être à l'origine de son stress (déménagement, nouvel animal, nouvelles habitudes), améliorez son environnement grâce aux conseils donnés dans les chapitres précédents. Utilisez un spray ou un diffuseur de phéromones pour l'aider à reconstruire un territoire apaisant.

Le conseil du Véto

Pour remplir leur rôle apaisant, les phéromones ne doivent pas uniquement être pulvérisées à l'endroit où le chat a éliminé, mais réparties sur tout son territoire (voir les pages 98 et 120).

Gérer le premier accident

Vous découvrez une flaque d'urine sur votre canapé tout neuf ? Quelques crottes sont disposées sur votre couette au moment où vous allez vous coucher ? À peine réveillé et partant sous la douche, vous enfoncez votre pied dans un paquet fumant déposé sur le tapis de bain ? Vous êtes exaspéré, et c'est bien normal ! Mais, surtout, ne vous emportez pas ! Aucun chat n'a jamais guéri de sa malpropreté grâce à une bonne correction... Au besoin, si même sa vue vous est insupportable, enfermez votre chat dans une autre pièce le temps de nettoyer les traces.

Un petit coin... idéal

Environ la moitié des chats malpropres le sont à cause de leur litière : c'est donc un élément à prendre en compte dès le premier accident.

Vérifiez l'emplacement du bac

Votre chat peut-il s'y rendre facilement, y a-t-il eu des changements récents ? Dans le doute, en cas de malpropreté, placez des bacs supplémentaires là où les accidents se sont produits. Cette solution temporaire est particulièrement indiquée chez les chatons prépubères (avant 5 ou 6 mois) : la maison leur paraît parfois tellement grande qu'ils peuvent se perdre lorsqu'ils sont pris d'une envie pressante.

Une propreté irréprochable

Sa litière est-elle suffisamment propre pour lui ? Certains chats sont extrêmement pointilleux et ne tolèrent qu'une litière immaculée ! Sachez que les litières agglomérantes ont parfois un effet trompeur : si vous retirez les agglomérats tous les jours, la litière semble propre ; pour votre chat, en revanche, elle conserve une odeur qui s'amplifie de jour en jour jusqu'à devenir rédhibitoire.

Le conseil du Véto

Changez intégralement la litière tous les deux à trois jours. Pour faciliter l'opération, placez une alèse au fond du bac, recouverte d'une épaisseur de litière de 2 cm, et jetez le tout à chaque fois. Procédez ainsi même si ce n'est pas ce qu'indique l'emballage !

Litière ouverte ou fermée ?

Les bacs à litière fermés (à couvercle) sont souvent choisis pour les chats d'appartement : les propriétaires s'épargnent la vision du chat en train d'éliminer et les odeurs y sont retenues… Mais à l'intérieur, l'air devient vite irrespirable ! L'entretien de ce type de bac doit donc être extrêmement rigoureux. Les bacs fermés peuvent en outre générer d'autres désagréments :

- ils exigent un effort physique pour y entrer : ils sont aversifs pour les chats très peureux, ou pour ceux qui souffrent de douleurs du dos ou des membres ;
- parfois une porte battante rend l'entrée dans le bac encore plus hasardeuse : le chat peut s'y coincer la patte ou se faire claquer les fesses par le retour de la porte.

En cas de malpropreté, la première mesure est donc de retirer le couvercle du bac.

Le conseil du Véto

Certains chats entrent dans leur bac ouvert, grattent, puis s'accroupissent, mais gardent les fesses en dehors et éliminent à côté de la litière ! Dans le cas précis des chats qui « visent mal », vous pouvez essayer un bac fermé.

La protection d'urgence

En cas d'élimination sur un support qui vous est cher, adoptez des mesures d'urgence pour en interdire totalement l'accès :

- placez des bandes de papier d'aluminium (ou procurez-vous une couverture de survie) sur votre lit ou vos fauteuils : le contact désagréable et bruyant du matériau métallique dissuade le chat de s'y percher pour faire ses besoins ;

- supprimez momentanément les tapis de bain, par exemple, si votre chat s'y soulage.

Repérer l'horaire

Dans certains cas, les accidents surviennent à un horaire précis : au cours de la nuit, pendant les absences. Il est alors possible de restreindre l'espace du chat pendant la période de la journée qui semble être « à risque », sous réserve de ne pas dépasser quelques heures. La salle de bains est généralement choisie pour isoler le chat, car c'est la pièce la plus simple à nettoyer, et il peut y passer la nuit ou y rester durant la journée de travail de ses maîtres.

Procurez-lui une litière (bien sûr !), ses gamelles et un panier. Si les accidents disparaissent, attendez encore quelques jours pour interrompre cette routine, mais laissez la litière installée à cet endroit pendant quelques semaines.

Quand consulter ?

Si, malgré ces conseils, plusieurs « accidents » successifs surviennent, vous devez consulter votre vétérinaire. Chez le chat, malpropreté et maladies sont souvent imbriquées. La priorité sera de dépister et de traiter d'abord ce qui est d'ordre médical. Par exemple :

- les cystites peuvent être émotionnelles, infectieuses, ou dues à des cristaux ou calculs urinaires ; elles sont souvent impliquées dans la malpropreté ;
- l'urgence est la même lors de troubles digestifs (diarrhées, parasitisme) ;
- les maladies hormonales (le diabète par exemple) se manifestent par une importante production d'urines ;
- les douleurs musculo-squelettiques perturbent le comportement d'élimination.

Marquage urinaire ou malpropreté peuvent aussi être associés à d'autres troubles. Stress, peur, repli sur soi ou au contraire agressivité sont autant de signes qui traduisent la souffrance de votre chat et doivent vous inciter à consulter.

Mon vieux chat devient acariâtre

Chapitre
9

Demi a adopté Half, tout petit chaton, lorsqu'elle était étudiante. Half a connu les périodes d'examen, le premier travail, l'arrivée d'un petit ami, le mariage, l'installation en maison. Il a supporté les déménagements, les voyages en train jusqu'aux lieux de vacances, et la naissance des enfants il y a quelques années.

Demi et Half se connaissent par cœur. Demi reconnaît que son chat a fait preuve d'un sang-froid exemplaire quand les enfants étaient petits : il a subi stoïquement les caresses brutales, les arrachages de poils et les poursuites derrière le canapé à l'âge des premiers pas...

Depuis quelques mois, Half a pris un sacré coup de vieux. Sa maîtresse sait bien qu'à 16 ans il n'est plus très jeune, mais elle ne comprend pas d'où lui vient ce mauvais caractère soudain... Sa première manifestation d'humeur a été de mordre le petit dernier. Le chat dormait sur le lit du petit garçon ; celui-ci a voulu le caresser doucement, comme il en a l'habitude ; Half s'est brutalement réveillé et lui a mordu la main, sans prévenir. Demi a crié, Half s'est enfui et est resté caché toute la journée. Depuis, il semble fuir les enfants et il est devenu beaucoup moins sociable : lorsque de la famille vient déjeuner ou que les amis des enfants sont invités, il n'est plus jamais là et ne réapparaît que le soir, quand les invités sont partis. Il semble ne plus supporter de sortir de sa routine.

Half a toujours été propre mais, depuis quelque temps, Demi découvre souvent des crottes en dehors du bac à litière. Parfois, les crottes sont déposées juste à côté du bac, comme une provocation. D'autres fois, il fait ses besoins dans la douche... Demi ne l'a jamais grondé et nettoie ses « accidents » avec patience, mais il continue à être malpropre de temps à autre. Half, très routinier, se reposait jusqu'alors à des endroits bien précis : sur le canapé le soir, sur le lit de Demi au petit matin, sur le lit du petit dernier pendant la journée. Il semble à présent perdre ses habitudes : souvent, il déambule dans la maison, sans but, comme s'il cherchait sa place. Demi le retrouve couché à des endroits insolites : dans un carton à jouets, dans le bac à linge, sur une chaise remisée au fond du garage. Même ses relations avec sa maîtresse se sont dégradées. Half ne vient plus quand Demi l'appelle. Il alterne des périodes d'indifférence avec des périodes « pot de colle » où il la suit partout. Il vient alors miauler à ses pieds comme s'il était en manque d'affection, et se couche à côté d'elle, même s'il en devient gênant (elle lui a marché sur la queue plusieurs fois pendant qu'elle préparait le repas).

Pour Demi, le plus difficile est de se réveiller en sursaut au milieu de la nuit : subitement, Half pousse des miaulements plaintifs, comme s'il était perdu, et réveille toute la maisonnée. Demi doit le prendre contre elle dans son lit pour obtenir le silence. Toute la famille est épuisée le matin, et son mari est très agacé... Demi, la mort dans l'âme, fait à présent dormir Half dans le cellier. Certes, il ne miaule plus, mais Demi se sent terriblement coupable d'emprisonner son chat de la sorte. Elle ne comprend plus les réactions de son vieux compagnon...

Changeons de point de vue : le chat âgé, le chat malade

Stérilisés, soignés, bien nourris, et préservés des dangers du monde extérieur, nos chats de maison vivent de plus en plus vieux. Une majorité d'entre eux atteint un âge à deux chiffres, certains dépassant même la vingtaine d'années. Chez le chat, le vieillissement déclenche des changements d'habitudes, une modification des réactions, auxquels s'ajoutent souvent les symptômes de maladies gériatriques.

> **Gériatrie**
>
> Un chat entre dans la catégorie des vieux chats vers 10 ou 12 ans. Passé cet âge, le vieillissement physique et cérébral provoque des modifications du comportement. Le chat devient en outre susceptible de développer les maladies typiques du grand âge.

Lorsque les sens faiblissent

Chez le vieux chat comme chez les personnes âgées, les sens perdent de leur acuité. Beaucoup de chats deviennent sourds. Si Half ne répond plus à sa maîtresse quand elle l'appelle, peut-être est-ce simplement parce qu'il ne l'entend pas. La surdité chez le chat peut être à l'origine d'accidents, elle augmente par exemple le risque de se faire écraser par une voiture. Par ailleurs, le chat n'est plus alerté par le bruit d'une personne qui s'approche de lui et il peut être surpris par le contact. Ainsi, si Half n'a pas entendu s'approcher le petit garçon, la caresse a pu lui sembler très brutale et déclencher une agression. Enfin, le chat sourd ne s'entend plus lui-même, ses miaulements peuvent donc être très stridents.

© Groupe Eyrolles

La vision baisse également. Des accidents domestiques peuvent alors survenir (chutes, chocs). En outre, le chat qui ne voit pas bien peut déclencher des manifestations de peur à l'approche de personnes ou d'animaux.

Le conseil du Véto

Pour faire la différence entre une perte d'intérêt et de la surdité, secouez la boîte de croquettes lorsque votre chat se trouve dans la pièce d'à côté et qu'il ne voit pas votre geste. S'il accourt, alors son audition n'est pas perdue…

Douleur et irritabilité

Peu de vieux chats échappent aux douleurs chroniques. Les maladies douloureuses les plus fréquentes sont l'arthrose[1] du dos, des membres, et les douleurs dentaires. Les chats ne peuvent pas dire ce qu'ils ressentent, mais les personnes atteintes de douleurs chroniques peuvent témoigner à leur place : avoir mal constamment est extrêmement fatigant, tant sur le plan physique que sur le plan moral. D'ailleurs, chez le chat (quel que soit son âge), la douleur est une des premières causes d'irritabilité : un chat qui a mal anticipe les caresses et le contact, et peut agresser si on le touche.

Half appréhende les manipulations brusques des enfants. De plus, il n'a plus la vélocité requise pour

---

1. Maladie dégénérative du cartilage, à l'origine de douleurs articulaires et d'ankylose progressive (perte de l'amplitude des mouvements).

fuir rapidement s'ils s'approchent de lui. Il prend donc l'habitude de les éviter.

La diminution du comportement de toilettage

L'arthrose limite la souplesse de la nuque et de la colonne vertébrale. Le vieux chat ne peut plus se toiletter le dessus du dos. Des bourres de poils, très rigides, se forment alors et lui tirent la peau à chaque mouvement. Ces bourres sont désagréables et douloureuses : elles doivent être retirées par le vétérinaire ou par un toiletteur, plusieurs fois par an si nécessaire.

La mémoire qui flanche

Lorsque le cerveau vieillit, son fonctionnement ralentit. On constate chez le chat vieillissant des signes de vieillesse, comme chez les personnes âgées :

- les capacités d'apprentissage diminuent (la mémoire est moins efficace) ;
- le changement est difficile à supporter, les habitudes deviennent rigides, les situations nouvelles sont stressantes ;
- des trous de mémoire surviennent, des comportements acquis sont perturbés (perte de la propreté, désorientation, oubli des rituels) ;
- de violentes sautes d'humeur peuvent apparaître.

Lorsque le chat vieillit, des situations de nouveauté qu'il aurait parfaitement tolérées lorsqu'il était plus jeune deviennent une cause de déstabilisation à laquelle il ne parvient pas toujours à s'adapter (par exemple l'adoption d'un chiot ou d'un chaton, un déménagement, l'arrivée d'un enfant, ou tout simplement quelques travaux dans la maison).

Le conseil du Véto

N'attendez pas que votre chat soit trop vieux pour adopter un nouvel animal. Cette épreuve pourrait s'avérer insurmontable pour lui.

Le dysfonctionnement cognitif

Lorsque le chat vieillissant présente de nombreux symptômes liés à la défaillance du cerveau et de la mémoire, on parle de « dysfonctionnement cognitif ». Le chat semble perdre la tête, perdre ses repères, à l'image des personnes âgées atteintes de la maladie d'Alzheimer. Les lésions cérébrales en cause sont très comparables chez le chat et l'homme.

Les comportements bizarres du vieux chat

Perte sensorielle, douleur et vieillissement du cerveau sont à l'origine de comportements typiques du vieux chat.

La malpropreté

Comme Half, le vieux chat semble parfois perdre le chemin de sa litière. Des « accidents » surviennent au hasard. Parfois, le chat « vise » mal et élimine à côté du bac. Les douleurs articulaires aggravent le phénomène : le chat a du mal à entrer dans sa litière et à s'accroupir pour faire ses besoins. Il n'arrive plus à accéder à sa caisse si elle est placée en haut d'un escalier ou s'il doit franchir une chatière pour aller se soulager.

Réveils et miaulements nocturnes

Le vieillissement perturbe les cycles de sommeil. Le chat perd ses habitudes de repos. Il se réveille brutalement la nuit, désorienté, comme s'il ne savait plus où il était. Half recherche alors le contact de sa maîtresse, car il est apaisé par sa présence.

Le conseil du Véto

Confiner le chat à une seule pièce pendant la nuit peut s'avérer bénéfique : le chat se repère plus facilement si son environnement est restreint, il se rassure. Cette solution lui permet de retrouver une stabilité propice à apaiser son sommeil.

Déambulations et désorientations

Le vieux chat a parfois des « absences » au cours de la journée, il semble « perdre le fil ». Il erre sans but et ne répond plus aux sollicitations de son maître, puis se couche dans des endroits inhabituels... Le cerveau du vieux chat n'est plus très fiable, et sa mémoire peut flancher d'un moment à l'autre. Soudain, il ne se souvient plus de ses habitudes, ne sait plus où il est. Certains chats peuvent même se perdre dans leur propre maison.

L'exploration orale

Parfois les vieux chats reprennent une attitude juvénile : ils grignotent des objets et parfois les avalent. Ils recommencent alors à faire des dégâts (trouer des tissus, détruire des objets) ; ils peuvent aussi s'intoxiquer ou déclarer une occlusion intestinale.

Rassuré auprès de ses maîtres

Douleurs, affaiblissement des sens et perte des repères déstabilisent le vieux chat. Les gens qui se sentent fragiles ont besoin de pouvoir compter sur leurs proches ; de la même façon, la demande de contact des vieux chats vis-à-vis de leurs maîtres est parfois très insistante. Ils miaulent très fort, s'imposent à leur propriétaire ou se couchent à leurs pieds jusqu'à obtenir satisfaction : parole douce, caresse, friandise. Ces demandes insistantes ne sont pas des caprices, elles reflètent le besoin intense qu'ils ont de se rassurer au contact de leurs maîtres.

Les maladies qui brouillent les pistes

En plus des manifestations du vieillissement, le vieux chat présente aussi des symptômes de maladies gériatriques. Il s'agit alors, pour le vétérinaire, de faire le tri entre :

© Groupe Eyrolles

> les signes du vieillissement cérébral ;
> les symptômes liés au vieillissement physique ou à des maladies.

Cette distinction est fondamentale car beaucoup de maladies du vieux chat se soignent. Certains symptômes très gênants pour le chat ou ses propriétaires peuvent s'atténuer avec une prise en charge médicale adaptée.

Certaines maladies sont souvent impliquées :

> la défaillance des reins ou le diabète augmentent considérablement la production d'urine : par conséquent le chat boit beaucoup plus et peut devenir malpropre ;
> certaines affections hormonales créent un changement d'humeur et une forte irritabilité ;
> les douleurs, l'arthrose mais aussi les puces peuvent rendre le chat agressif ou caressé-mordeur ;
> des maladies neurologiques, de l'hypertension peuvent déclencher des miaulements stridents, de jour comme de nuit ;
> la fièvre et les douleurs physiques contribuent à l'isolement du chat.

Seul un examen vétérinaire complet, souvent complété d'une prise de sang et de radiographies par exemple, peut permettre de différencier ce qui est comportemental de ce qui est physique.

Ce qui ne marche pas

Lui en vouloir

Rappelez-vous de votre dernière grippe : vous étiez couché au fond de votre lit, plus ou moins agonisant, les genoux flageolants, avec 40 °C de fièvre... Comment auriez-vous réagi si un proche était venu vous houspiller pour vous demander de vous lever et d'arrêter de faire la tête ? Votre vieux chat ressent peut-être la même chose ! Ainsi, lorsque des maladies se mêlent au vieillissement cérébral, la punition est doublement intolérable :

- d'une part, elle est profondément injuste ;
- d'autre part, elle met le vieux chat dans une situation de stress qu'il ne peut pas surmonter.

La punition est particulièrement traumatisante chez un animal affaibli.

Le mettre à l'écart

Il miaule la nuit, il fait pipi partout, il déambule sans but et ne répond plus quand on l'appelle, il devient agressif avec les enfants. De grandes tensions familiales peuvent apparaître à cause de ces nuisances. Pour ces motifs en apparence légitimes, beaucoup de vieux chats sont écartés de la vie de la maison. Le vieux chat isolé accélère alors son repli sur lui-même, et perd d'autant plus vite ses apprentissages et sa

© Groupe Eyrolles

capacité d'adaptation, parfois jusqu'à développer une dépression.

La dépression du chat âgé

Cette maladie comportementale associe les symptômes liés au vieillissement à une perturbation émotionnelle extrême. Le chat manifeste de nombreux symptômes :

▶ détresse, miaulements ;

▶ isolement ;

▶ troubles alimentaires : boulimie, pica (ingestion de litière, de terre, de plantes) ;

▶ troubles du sommeil : augmentation de la durée de sommeil quotidienne, réveils nocturnes ;

▶ pertes des apprentissages : malpropreté, jusqu'à éliminer là où il dort ;

▶ troubles relationnels : alternance de phases d'isolement, de demandes d'attention et d'agressivité.

Ce qui marche

Lui offrir un check-up !

Chez le chat âgé, la consigne est immuable : toute manifestation physique ou comportementale justifie une consultation. Les signes du vieillissement se mêlent aux signes de maladies physiques et, pire encore, ils peuvent se confondre. L'intervention du vétérinaire est alors nécessaire pour éviter de donner des réponses inadaptées et proposer au vieux chat des solutions pour restaurer son bien-être.

Le conseil du Véto

Même s'il n'a jamais pu avaler le moindre cachet, faites examiner votre chat ! De nombreux médicaments existent sous forme liquide, sans goût, ou sous forme injectable « longue action » (une unique injection agit plusieurs jours). Soigner son chat devient (souvent) possible.

Une fois les causes purement médicales diagnostiquées et traitées, vous pourrez vous atteler aux manifestations comportementales de votre vieux compagnon.

Adapter le territoire

Un territoire trop vaste favorise les comportements erratiques[1] du vieux chat qui perd ses repères : malpropreté, déambulations, zone de repos aléatoires. S'il semble ainsi « se perdre », n'hésitez pas à restreindre son espace à quelques pièces seulement. Plus le territoire est petit, plus il est facile pour un chat d'y retrouver ses repères.

- Conservez l'accès aux pièces de vie (cuisine, salon) pour ne pas le couper de l'animation : fermez les pièces annexes.

---

1. Sans but, aléatoires.

- Vérifiez que la litière est facilement accessible (pas trop loin et sans escalade nécessaire), optez pour un bac ouvert, et multipliez les bacs en cas de malpropreté (un dans chaque pièce). Réinstallez un bac à l'intérieur de la maison, même si votre chat a fait ses besoins à l'extérieur toute sa vie.

- Si votre chat a des douleurs arthrosiques, installez des paniers et des cachettes au ras du sol, afin qu'il n'ait pas besoin de grimper pour observer, se reposer ou s'isoler.

- Si nécessaire, pour la nuit, réduisez son espace à une seule pièce (l'une de celles auxquelles il a accès dans la journée).

- En cas de surdité ou de baisse de la vision, sécurisez votre jardin : vérifiez que votre chat ne peut pas s'échapper sur la route, ni tomber dans un bassin ou une piscine. Installez des barrières en conséquence.

- Installez un diffuseur de phéromones si votre chat montre des sautes d'humeur (irritabilité, isolement).

Garder le contact

Préserver le lien qui unit le vieux chat à ses maîtres est fondamental : l'affection réciproque devient souvent la béquille du chat vieillissant.

Une douceur exemplaire

Le vieux chat a des douleurs, il perçoit moins bien ce qui l'entoure, il est moins attentif, mais souvent plus

© Groupe Eyrolles

irritable. Il faut donc le manipuler avec précaution et douceur :

- en le prévenant avant de le caresser ou de le prendre dans les bras, pour ne pas le surprendre ;
- en évitant de le caresser là où il a mal (souvent sur le bas du dos et le bassin).

Soyez très vigilant si vous avez de jeunes enfants. Même si votre vieux chat a été autrefois le complice de leurs jeux, il a désormais passé l'âge d'être déguisé, promené en poussette, enfermé dans une boîte ou attrapé par les pattes... Ce type d'interaction pourrait le faire réagir violemment.

Des rituels caricaturaux

Pour préserver des rituels avec votre vieux chat, devenez caricatural : c'est à présent à vous de les lui proposer. N'oubliez pas le câlin dans le canapé à l'heure habituelle, la petite caresse à chaque fois que vous passez à côté de lui, la petite friandise du soir. Et, s'il vous sollicite, accordez-lui votre attention !

Des jeux faciles

C'est souvent une gageure de proposer de jouer à un vieux chat... Pourtant, c'est une activité très bénéfique pour entretenir ses capacités cérébrales. Inventez-lui des jeux simples, qui ne demandent pas de performances physiques, et utilisez des récompenses alimentaires, qui sont les plus motivantes :

- cachez une croquette sous un gobelet en plastique et laissez-le le renverser pour y accéder ;

- utilisez une balle à trous qui distribue des croquettes quand le chat la fait rouler ;
- faites-lui chasser une plume ou un bouchon, en le provoquant à une très faible distance (posez le jouet à 20 ou 30 cm de son visage).

Éviter le harcèlement

Respectez le vieil animal qu'est devenu votre compagnon. Il est moins adaptable, plus irritable, et ses capacités d'apprentissage ont diminué ; son environnement doit rester stable et prévisible. Veillez à ne pas lui faire subir ce qu'il pourrait ressentir comme du harcèlement :

- laissez-le s'éloigner quand vous recevez des invités, *a fortiori* des enfants ; isolez-le si nécessaire ;
- s'il ne le supporte plus, ne l'emmenez pas sans cesse en déplacement avec vous. En vieillissant, même les chats les plus accoutumés aux voyages peuvent ne plus s'y adapter. Ils développent subitement des symptômes anxieux : isolement, malpropreté, agressivité, troubles alimentaires... Parfois ces troubles persistent même lorsqu'ils rentrent à la maison ;
- ne lui imposez pas un nouveau compagnon sans bien peser le pour et le contre : s'adapter à un nouvel arrivant (chien ou chat) peut être une épreuve insurmontable pour lui.

Une alimentation adaptée

Souvent oubliée, l'alimentation est importante pour le vieux chat : les aliments de haute qualité contiennent des nutriments qui aident le cerveau vieillissant à mieux fonctionner. De plus, certaines marques proposent des gammes adaptées aux maladies chroniques : diabète, défaillance rénale, arthrose... Ces aliments ciblés ne sont pas disponibles en grande surface : votre vétérinaire pourra vous aider à choisir la nourriture qui convient le mieux à votre chat.

Reconnaître sa souffrance

Lorsqu'un chat parvient au terme de sa vie, son maître se pose toujours la question suivante avec angoisse : comment savoir s'il souffre ? Quelques critères peuvent permettre d'évaluer sa souffrance physique et psychique :

▶ A-t-il encore quelques périodes d'activité (ou passe-t-il tout son temps à dormir) ?

▶ Mange-t-il encore avec plaisir ?

▶ A-t-il l'air content de vous voir, recherche-t-il vous contact ?

▶ Est-il encore autonome dans ses comportements de chat ? Se déplace-t-il encore aisément ? Parvient-il jusqu'à sa litière quand il en a besoin ? Peut-il manger seul ?

Quand consulter ?

Aider les chats à bien vieillir fait désormais partie intégrante de la mission du vétérinaire : les propriétaires sont sensibles au bien-être de leur animal, à son confort ; ils tiennent à la relation qu'ils partagent avec lui et veulent la préserver le plus longtemps possible. Comme les personnes âgées, le vieux chat devra être suivi régulièrement. Souvent, plusieurs maladies chroniques coexistent et peuvent être traitées efficacement pour une vieillesse plus douce. N'hésitez pas à faire examiner votre chat vieillissant au moindre accès de fatigue ou de mauvaise humeur !

Conclusion

« Alors, c'était donc pour cela ? »

Si, à la lecture de ce livre, cette remarque a traversé votre esprit, tant mieux ! Votre chat susceptible est finalement peureux ? Lui qui semblait bouder serait en réalité casanier ? Vous savez à présent pourquoi il n'aime pas les caresses ? Ses accès de colère vous semblent à présent plus légitimes ?

Vous avez désormais toutes les clés pour décrypter la mauvaise humeur de votre chat ! Nous espérons que vous lui pardonnerez plus facilement son attitude parfois déroutante... Peut-être même ne le trouverez-vous plus si insupportable, finalement : afficher un mauvais caractère, en effet, c'est bien souvent être incompris...

Rappelez-vous que, quoi qu'il invente, vous gagnerez toujours à prendre le temps de la réflexion. Comme nous l'avons vu à travers ces différents exemples, la punition, si rapide soit-elle, n'est jamais la solution... Elle concourt toujours à dégrader le lien qui vous unit à votre chat.

Nous espérons que votre complicité avec votre chat sera renforcée par cette lecture. Les chats sont surprenants, imprévisibles, fascinants aussi. Parce que nous les aimons tant et qu'ils partagent notre vie, nous supportons leurs facéties et leurs colères avec bienveillance, amusement, et parfois avec une pointe d'agacement.

D'ailleurs, qui sait, peut-être ressentent-ils la même chose à notre égard ?